Kari Hotakainen · Buster Keaton – Leben und Werke

Kari Hotakainen

Buster Keaton Leben und Werke

Roman

Aus dem Finnischen von Stefan Moster

EDITION wespennest

Die Deutsche Bibliothek – CIP-Einheitsaufnahme
Hotakainen, Kari:
Buster Keaton: Leben und Werke / Kari Hotakainen.
[Übers.: Stefan Moster].
– Wien : Wespennest, 1997
(Wespennest Literatur)
Einheitssacht.: Buster Keaton, elämä ja teot <dt.>
ISBN 3-85458-516-0

Lektorat: Annette Lechner
Visuelle Gestaltung: fuhrer
Umschlagphoto: Österreichisches Filmmuseum/Archiv
Übersetzungsförderung: SUOMALAISEN KIRJALLISUUDEN SEURA
Originalausgabe: WSOY, Helsinki 1991

Herstellung: Agens-Werk
Verlags- und Herstellungsort: Wien
Printed in Austria

Inhalt

Wo der Realist wohnt, ist der Surrealist zu Hause

I

Einleitende Worte von Buster Keaton

1

Ich bin Joseph Francis Keaton, Buster ist mein Spitzname. Das bedeutet auf deutsch *Kaputtmacher*, *Sprenger*. Der Entfesselungskünstler Harry Houdini gab mir diesen Spitznamen, seitdem ist er wie eine Tätowierung in meiner Rückenhaut haften geblieben. Manche nennen mich Steingesicht, *stone face*. Auf englisch hört sich das nicht einmal schlecht an.

Ich bin so alt, daß die Erwähnung meines Namens keine Gefühle mehr weckt. Ich bin groß genug, um den Mond zu sehen, und klein genug, um einen Hunderter von der Straße auflesen zu können. Ich wiege soviel wie zwei deutsche Schäferhunde, vorausgesetzt, man hat ihnen zwei Wochen lang nichts zu fressen gegeben.

Mein Haar ist dunkel, mein Gesicht schmal. Ich bin nicht aus Holz geschnitzt, ermüdeter Stahl wäre das Material, das einem am ehesten in den Sinn käme. Schön bin ich nicht, aber zäh; manch einer würde mich am liebsten aus dem dritten Stock plumpsen lassen. Ich versuche, an mich zu glauben, Stuntmen nehme ich nicht in Anspruch. Vom Charakter her bin ich Romantiker, in meinem Verhalten Realist. Manche nennen mich Komiker; das Wort klingt so endgültig: Ich rieche förmlich die Stempelfarbe daran.

Ich fiel zwischen die Stühle. Rechts und links gab es für mich nicht mehr. Damit war es längst aus, als ich auf der Bildfläche erschien. Ich bin zum Chaos verurteilt, das ist die Wohnung des Realisten. Und das Zuhause des Surrealisten.

2

Meine Voraussetzungen sind günstig. Ich stamme aus der Mittelklasse, aus einem gleichmäßig zerstrittenen Elternhaus. Kinder waren genug da, so daß sich der Scheinwerfer nicht immer auf einen allein richtete. Mein Vater war sentimental und verwirrt, ohne daß zu entscheiden gewesen wäre, welcher Anteil größer war. Mutters beste Seite war sichtbar. Die Familie zog von einem Ort zum andern, also standen von keinem Ort die Wurzeln aus unseren Hosenböden heraus: wir saßen gut. Unsere Familie war repräsentativ, eine, aus der Versicherungsexperten, Reinigungskräfte, Killer und Kehrmaschinenpiloten hervorgehen.

3

Ich wuchs in einer Tonne auf. Mit siebzehn lernte ich sprechen, davor brachte ich ein paar Wörter heraus. Sprechen heißt, Wunden zufügen: ein Schnitt, ein zweiter, ein dritter – du gehst auf wie ein Hecht.

Als ich zweiundzwanzig war, begriff ich, daß ich durch Liebe aus der Tonne herauskommen konnte. Ich verliebte mich in die Außenwelt, bewegte mich allmählich auf den Rand zu, der von Regen und Rost zerfressen war. Ich riß mir die Hand blutig, das gehört zur Liebe. Blut und Hecht. Ich gab nicht auf, obwohl es wehtat und zum Sprechen zwang, kam kein Wort heraus. Ich hievte mich über den Rand und fiel in die Freiheit. In eine Tonne ohne Rand.

Da gab es Bereiche, Provinzen nach ganz anderem Muster. Mir wurde schwindelig, als ich das sah. Ich redete wie ein Labersack, quoll über, schlotterte im Alphabethagel. Ich wurde geliebt, wenn auch nicht ohne Gelächter, aber das nahm ich nicht übel. Ich kannte die Risiken der Liebe, die Nachteile des Fesselgeschäfts. Als nächstes beschloß ich, ein Lächeln zu lernen, das meine Backenmuskeln so durchschnitt wie ich das Eis beim Schlittschuhlaufen.

4

MEINE Traurigkeit hindert mich nicht am Handeln, und wenn eine Freude an die Oberfläche dringt, wirft mich das nicht einen Moment aus der Bahn. Am besten geht es mir in Zwischenräumen, inmitten der unansehnlichen Einrichtung meiner Werkstatt oder im Nebenraum, beim Auspuffsortiment. Links führt die Treppe zum Keller hinunter.

Ihr habt einen Ersatzteilverkäufer angestellt, also bekommt ihr nichts anderes. Versucht nicht, weitere Eigenschaften aus mir herauszuzupfen, ich lege die benötigten Nippel vor euch hin – mit dem Bau des Motors habe ich nichts zu tun.

In diesem Zustand bin ich nach langer Überlegung angekommen. Wäre ich großzügig und flexibel, brächte ich nichts zustande. Ich will nicht, daß mir das Leben aus den Händen flutscht wie ein Stück Seife. Wenn ihr mir in einer dunklen Hauseinfahrt Auge in Auge gegenübertretet, seht ihr einen Menschen, der seine Arbeit verkauft, aber sich selbst in der Hinterhand behalten hat, für schlechtere Zeiten.

Alles, was ich nicht sage, kann gegen mich verwendet werden, denn die Stille ist ein Messer.

5

Ich neige zu nervlichen Erkrankungen, bin ungeduldig und schnell. *Bald* heißt für mich *sofort*. Meine Düsterkeit kann überraschend in eine fröhliche Verschlagenheit übergehen, um gegen Abend in sicherere Startpositionen umzukippen.

Ich bin unpolitisch, ein Trottel also, ich passe in meine Zeit. Ich bin ein zeitloser, ortloser Leierkasten, aus dem sich durch Drehen der Kurbel Sentenzen herausziehen lassen, die mal von fröhlicher Verschlagenheit, mal von schwerer Düsterkeit gefärbt sind, und die dann auf den Tisch plumpsen wie feuchte Fausthandschuhe.

Bevor ich Ersatzteilverkäufer und Buster Keaton wurde, war ich als psychophysischer Personalkoordinator und als Betriebsklimaanalytiker tätig. Ich war eine Art interner Bote von Himmel und Erde. Mit dem Aufzug war ich zwischen Himmel und Erde unterwegs. Die Hochundrunterbewegung hat mich neurotisch gemacht, passend zur Aufgabe.

6

Ich trinke kein Leichtbier und begehe am Zahltag keine niederträchtigen Ehebrüche. Ich mag weder die Stimme von Yoko Ono noch finnische Schlager von Irina Milan. Ich tausche auch keine Telefonnummern mit aufgeschlossenen Erwachsenen aus. Ich rauche zuviel und esse zu schnell. Ich bin selten betrunken und halte peinlich oft mein Wort. An Straßenecken bleibe ich immer wieder stehen und sehe wie eine Kriseninterventionsstation aus. Ich nehme keine Drogen, mag es aber, wenn der Alltag überschäumt oder aus den Angeln gehoben wird.

Du kannst nicht zu mir reinkommen, um den Regen abzuhalten. Ich höre mir deine Geschichte von Schneeregen, Matsch und Mordskälte an, aber ich bin nicht deine Schönwetterwolke, und wenn die Sonne sinkt, bin ich schon weg.

Ich bin während der Dienstzeiten anzutreffen. Was immer das Problem ist, ich versuche, die passende Lösung zu finden. Die Lösung ist immer ein Kompromiß, denn außerhalb der Dienstzeiten beschäftige ich mich nicht damit.

Von der Normalität biege ich ab wie ein Feldweg von der Straße, unmerklich. Dann bin ich wie jedes andere Stück Scheiße, schwelge in Traurigkeit, und wenn die Flammen schlagen, winke ich dem Kellner: «Könnte ich etwas Benzin haben?»

Meine Frau mag mich. Ich lebe, um herauszukriegen, warum.

7

Ich mag Tätigkeiten, bei denen man stumm und umständlich sein kann, aber ich will aus meinen Eigenschaften kein Gefängnis machen. Ich habe kein Interesse an steifem männlichem Ruhm, der nach zweiundsiebzig Jahren in der Inschrift eines Grabsteins kulminiert: «Er hat das Maul gehalten, wenn die anderen Schwuchteln rumgequasselt haben.»

8

Trotz des Ansporns meiner Arbeitskollegen töte ich meine Gefühle nicht ab, ich lasse sie mich weiterquälen. Ich sehe von der Seite zu, wie Mitgefühl, Freude und Liebe auf einer mit Bananenschalen gepflasterten Straße dem Unbekannten entgegenkriechen. Ich hoffe, daß sie Zeit haben, am Ende der Straße auf mich zu warten. Wenn ich ankomme, sind die Gefühle aus der Mode. Dann nehme ich sie in Gebrauch, und ich werde eine besondere Art Erwachsener. Bis dahin müßt ihr euch mit der geistesschwachen Version eines Menschen begnügen.

9

EINMAL wurde mir ein Angebot unterbreitet, das abzulehnen ich sämtliche psychische Voraussetzungen besaß. Die Leitung eines bestimmten Unternehmens reihte all meine schlechtesten Eigenschaften – mißtrauisch, grantig, undemokratisch, jähzornig – hintereinander auf und nannte das Ergebnis die beste Doppelhelix, die man in dem besagten Unternehmen seit langer Zeit angetroffen habe. Danach war es für mich leicht, Adjektiven gegenüber skeptisch zu sein.

10

ICH bin ein Amerikaner ohne Lächeln. Ich arbeite als Ersatzteilverkäufer im finnischen Vantaa und in der Bronx, ich möchte ein möglichst unpersönliches Leben leben, damit ich die Menschen besser verstehe.

In meiner Freizeit trete ich in Filmen auf, in Rollen, wie man sie aus dem eigenen Kopf holt. Für mich ist es leicht, dabei zu sein. Kamera läuft: ich selbst, die Erste.

Ich sehe in diesen Filmen nichts. Ich habe ein derart zähflüssiges, von Blamagen und Unverständnis überquellendes Leben geführt, daß ich nichts Besonderes empfinde, wenn es gefilmt wird, nur ein verdutztes Gesicht, tränenloser Schmerz, ein näherkommender Zug: wir alle, die Zweite.

Meine Filme haben Erfolg, weil ich bin wie ihr.

11

Ich erledige, was die Welt vor mich hinträgt. Ich klage nicht über meine Tätigkeiten, ich empfinde keiner Arbeit gegenüber ein besonderes Unbehagen; nicht einmal eine seltene Vorderradaufhängung jagt mir kalte Schauer über die Wirbelsäule. Ich fülle Formulare aus, suche die für das Modell passende Kupplungsscheibe, spiele in Filmen mit, erledige die Beziehungsangelegenheiten, gebe mich gegen Entschädigung mit anderem Dialekt sprechenden Kunden ab. Wenn man mich fragt, antworte ich, im häuslichen Leben bin ich gesprächig.

Ich bin ratlos, trage einen Eisendraht bei mir, verbiege ihn der Welt entsprechend, versuche zu verstehen. Ich weiß auf nichts eine Antwort, und je weniger ich weiß, um so mehr bewundern sie meine Tolpatschigkeit und beziehen daraus Anregungen für die Straßenreklame in ihren Ballungsgebieten.

An mir hält man sich fest, denn ich bin mit nichts und niemandem verbunden.

12

Ich besitze keine Liebe, ich kann sie nicht sammeln, nicht geben. Aber manche verlieben sich in mich und bringen mir so viel Liebe, daß ich nicht einmal mehr durch meine eigene Tür hindurchpassen will. Eine gab mir alles von sich, so daß ihr selbst nichts blieb als ein Stummel. Ich bat sie auch noch um den Stummel und steckte ihn in mein Innerstes – in den Winkel, in dem die Psychologen so gerne herumstochern – und fing an, ihn mir zu einer Miniaturliebe aufzuziehen. Wenn ich jetzt schreibe, drängt sie heraus, drückt die Hemdknöpfe auf und stört bei der Arbeit. Das ist der Sinn der Liebe.

13

In meinen klaren Momenten fühle ich mich wie ein Kissen, gegen das harte Gegenstände prallen. Häufig folgt einem solchen Moment ein Sturm der Unruhe, aus dessen Auge der Lauf einer Pistole ragt. Dann verschwinde ich aus dem Konferenzraum in die Männertoilette, blicke in den Spiegel, sehe das Kissen und beruhige mich.

Wenn ich zum obersten Treppenabsatz hinaufsteige, dorthin, wo die Killer geduzt werden, fühle ich einen Schwindel und bin mir beinahe sicher, daß die unteren Treppen, nachdem ich hinaufgegangen bin, hinter mir weggebrochen sind.

Je ängstlicher ich werde, um so größere Risiken kommen auf mich zu.

14

In meinen dunklen Momenten bin ich Mister Nobody, ein violetter Stuhl in einem grauen Hotel, stabil, aber ein Gefangener seiner Gewissenhaftigkeit und daher langweilig. Solche Momente sind ziemlich häufig, deshalb ist es besser, wenn ich nicht fortwährend das große Wort führe. Euch stehen hier die Äußerungen meiner Eltern, meiner Frau, meiner Arbeitskollegen und Freunde zur Verfügung, ein paar Briefe sowie meine eigenen Aufzeichnungen, die sich in einem blauen Rechenheft befinden.

Ich bin einer, den man sachlich aus verschiedenen Blickwinkeln in Augenschein nehmen muß. Ich betone die Sachlichkeit, sie ist der Ort, zu dem wir uns aus dem Chaos flüchten können, aus unserer Urheimat.

Vantaa-Bronx, im Mai

BK

Auszug einer mechanischen Blechfigur

Vater und Mutter erinnern sich,
der Hausmeister kommt dazu

MUTTER:

Buster war ein ernstes Baby mit einem harten Schädel. Als er ein paar Monate alt war, fiel er aus dem Fütterstuhl auf den Fußboden, heulte aber nicht, sondern betrachtete nachdenklich die Weihnachtsdekoration an der Decke. Wir untersuchten seinen Kopf, Spuren waren nicht zu entdecken, obwohl der Fußboden geklinkert war.

VATER:

Ein ernster Junge war er, das sah man sofort. Er hat auf keine Art von Duziduzi reagiert, und es hat ihn überhaupt nicht beeindruckt, wenn wir vor ihm auf dem Boden herumkrochen und in der Kindersprache brabbelten. Wir lasen ihm sämtliche bekannten Märchen und Geschichten vor, aber er blieb auf seinem Standpunkt: macht keinen Spaß.

MUTTER:

Busters Lieblingsspielsachen waren ein kleiner Hammer und eine Eisenbahn. Den Hammer hat der Junge nicht einmal im Bad hergegeben. Er schlug damit auf alles, was ihm in die Quere kam, vom Parkett bis zum Toastbrot. Überall waren die Beulen, die Buster gemacht hat. Immer wenn er auf etwas geschlagen hatte, streichelte er über die Stelle, die er getroffen hatte, als wollte er zu dem Stuhl sagen: «Hat's weh getan? Entschuldigung, wird nicht mehr vorkommen.»

Vater:

Mit der Eisenbahn transportierte er sämtlichen Kleinkram, den wir hatten. Münzen, Knöpfe, Krawattennadeln, Brotstückchen und Schrauben lud er auf den Zug. Wenn der Zug seinen Bestimmungsbahnhof unter dem Stuhl erreicht hatte, legte Buster alle Gegenstände systematisch auf ein Tablett, das als Laderampe diente.

Hausmeister:

Wenn man mich fragt, dann sind gerade diese stillen Kinder die schwierigsten. Buster war kein ordentlich schlecht erzogener Kerl, aber er führte ganz offensichtlich etwas im Schilde. Er ging über den Hof und dachte nach. So etwas verheißt nichts Gutes. Ehrliche Gauner kann ich ja noch verstehen. Aber der kickte bloß Steine vor sich her und schmiedete Pläne.

Vater:

Buster sprach nicht viel, die ganze Familie war nicht besonders redselig. Wir schrien uns an, bis wir rot wurden, aber auch daran hat sich der Junge kein Vorbild genommen. Still und zielbewußt ging er durch seine Kindheit, es war, als wollte sein blasses, schmales Gesicht sagen: «Das hier ist nur eine Zwischenetappe auf dem Weg zur eigentlichen Milchabholstelle, zieht daraus noch nicht allzu große Schlüsse.»

MUTTER:

Von klein auf mochte Buster Geschwindigkeit und Abenteuer, besonders in großen Höhen und auf steilen Hügeln. Mit seinem Dreirad fuhr er so schnell um das Haus herum, wie er konnte. Einmal fuhr er in die Jauchegrube und hatte dann ein Loch in der Stirn. Buster heulte zum Steineerweichen, saß aber eine halbe Stunde später schon wieder im Wipfel der großen Kiefer und gab den Vögeln Anweisungen.

HAUSMEISTER:

Ja genau, da hat der Wicht mit seinem blutigen Kopf gehockt und die Krähen rumkommandiert.

MUTTER:

Er kletterte gerne auf Bäumen herum und führte über seine Besuche Buch. An den Bäumen hinterließ er Zettel, auf denen stand: «Bereits besucht. Danke.» Diese beamtenhafte Angewohnheit blieb uns nicht verborgen.

VATER:

Er lief von morgens bis abends wie eine Maschine, bis er vollkommen stillstand. Buster war wie eine am Rücken aufziehbare Blechfigur, die nach der letzten Umdrehung gegen die Kinderzimmertür sinkt und laut und mechanisch zu schnarchen anfängt.

Hausmeister:

Von irgendwoher hatte er den Stummel eines Zimmermannbleistifts gekriegt. Damit schrieb er sonderbare Botschaften auf meine Werkzeuge. Einmal las ich auf dem Rechen: «Vorsichtig über den Rücken der Erde streichen.» Auch wenn das an sich nichts Unanständiges war, mochte ich es nicht, daß überall sinnlose Botschaften hinterlassen wurden. Außerdem ließen er und dieser fette Kerl immer den *DLx2* mitten auf dem Hof stehen, weil sie der Meinung waren, Motoren müßten immer mitten auf dem Hof stehen. Mir sind normale Kinder lieber.

Vater:

Mit sieben fing der Junge an, anders zu sehen. Er interessierte sich für Sachen und Menschen auf eine Art, die Verwunderung erregte. Buster sah auf der Erde einen Rechen liegen, hob ihn vorsichtig auf und starrte seine Zinken an. Am Abend fragte er: «Können wir damit nicht den Himmel saubermachen? Da sind nachts immer so kleine Dreckkrümel dran.» Einmal brachte er eine Radkappe mit nach Hause und wollte daraus seine Suppe essen. Wir erklärten ihm, das sei ein Teil von einem Auto und kein Teller. Er blieb stur: «Kann ich da jetzt endlich Öl reinhaben?»

Mutter:

Buster beobachtete genau die anderen Menschen und konnte plötzlich fragen: «Wann kommt mal wieder der zu uns, der wie ein Vogel aussieht? Wo ist die Frau mit den Kartoffelchipsohren, die geht wie ein Pinguin?» Für Buster bestand die Wirklichkeit aus Formschaum, den er modellierte, wie es ihm gerade einfiel.

Hausmeister:

Formschaum, ja. Oder vielleicht doch eher Schlagsahne. Schließlich hat er die zusammen mit dem dicken Fatty in meine beste Schlagbohrmaschine gegossen und daraus irgendeinen scheiß Spiralentfernerkompensator gemacht, mit dem man nichts anfangen konnte. Ich hab' mir den Spaß von den Eltern bezahlen lassen.

Mutter:

Busters bester und gleichzeitig einziger Freund war ein großer, dicker Junge, Fatty Arbuckle, der einen Kopf größer war als Buster. In der Schule und im Hof wurde Fatty von allen geärgert, und als Mitgift seiner Freundschaft bekam Buster das ein oder andere blaue Auge ab.

Vater:

Buster und Fatty entwickelten zusammen Maschinen, denen sie merkwürdige Namen gaben. Keine einzige der Erfindungen (*Work 1800 XMi*, *Cherry-Van DLx2 mit Normalbohrer*, *Spiralentfernerkompensator*, *Wärmefreezer mit*

Doppelverriegelung) hat je funktioniert, sie waren absolut unbrauchbar. Aber die Jungs hielten sie für unbedingt notwendig. «Wenn ich und Fatty nicht mehr da sind, tuckert der Motor noch lange weiter», pflegte Buster zu sagen.

VATER:

Eine Zeitlang wohnten wir in einer Gegend, in der eine gepflegte Unterhaltung geschätzt wurde. Als Buster in der Pubertät war, konnte er sprechen, machte den Mund aber erst auf, wenn er aus einer Situation nicht anders rauskam. Seine Ausdruckslosigkeit verärgerte lebhafte Menschen. Sie glaubten, er wisse mehr als andere, sie hielten ihn für ein überhebliches, von oben ins Tal hinunterglotzendes Bleichgesicht, das den Schlüssel des Schicksals in der Hosentasche trug. «Ich weiß noch weniger als die andern», sagte Buster einmal, als er nicht gefragt wurde.

MUTTER:

Wir lernten Buster nur langsam lieben, dann aber um so stärker. Er war ein ausdrucksloser, komplizierter, stolzer, erfinderischer, schmalgesichtiger, dünner, gewissenhafter, einsamer Junge, der wie ein Beamter aussah und nicht gerade Sympathien weckte. Er war keiner von denen, die über das Meer des Selbstmitleids segeln und in den Häfen um Entschuldigung für die Wellen bitten, die sie verursacht haben.

Vater:

Buster hat aus seinen Charakterzügen wirklich keine große Nummer gemacht, auch wenn natürlich klar war, daß seine Phantasie überdurchschnittlich oft mit ihm durchging. Vielleicht ist es so: wer fester in der Ratlosigkeit steckt, bewirbt sich nicht so leicht aus durchsichtigen Gründen beim Chaos als Verwalter.

Hausmeister:

Im Lauf der Jahre hab' ich in diesem Block schon viele pickelige Sockenabwetzer gesehen, aber dieses Schmalgesicht hat sich mir stärker eingeprägt als alle anderen. Was der Junge angestellt hat, war nicht das traditionelle, sondern absolut undurchsichtiges Zeug, wegen dem man ihm nicht mal böse sein konnte. Einmal schloß er sich tagsüber im Kesselraum ein, und als ich ihn fragte, was es dort so Interessantes gäbe, sagte er: «Ich habe mir am Feuer ein Beispiel genommen. Irgendwann werde auch ich Feuer fangen.»

Vater:

Wir liebten den Jungen, wie man etwas liebt, das einem nicht gehört, von dem man aber das Gefühl hat, das es das tut. Es tat weh, aus dem Fenster zu schauen, wenn er gedankenversunken über den Hof trottete und sich mit jedem Schritt weiter von uns zu entfernen schien. Wir hingen an dem Jungen.

Mutter:

Am liebsten hätte man das Fenster aufreißen und rufen mögen: «Buster, geh nicht fort, und wenn du gehst, dann sag was!» Als er sich mit neunzehn von uns trennte, bröckelte die Fassade und bekam Risse an den Rändern. Er umarmte uns rasch und sagte: «Auf der Dunstabzugshaube liegt ein Brief.» Die Tür schlug zu, wir lasen ihn. Es war der erste von diesen dreien:

Liebe Angehörige,

ich danke demütig für die Babyzeit und die Kindheit in Eurer Gesellschaft. Wir hatten nicht die Angewohnheit zu zwitschern, aber jetzt will ich Euch sagen, daß Ihr die besten Eltern ward, die ich je hatte. Wenn ich sage die besten, meine ich kein aus Marzipan gebackenes Idealpaar, das für alles Verständnis hat und für den Ballungsraum unerträglich fehlerlose Prototypen großzieht. Ich meine Härte und Wärme im richtigen Verhältnis, damit man die Welt nicht für ein Kuscheltier hält, sich ihr gegenüber aber auch nicht benimmt wie gegenüber einem Kühlschrank.

Ich danke Euch für sachgerechte Nahrung (lobenswert viel Salat, auch wenn ich den Sinn von Chinakohl bis heute nicht verstanden habe), für Eure besorgte Einstellung zu den wilden, wenn auch unvermeidbaren Spielen (ich gebe zu, daß eine Badewanne noch nicht dadurch zum Verkehrsmittel wird, daß man sie mit Benzin füllt) und für mein Zimmer, das mir, vor allem in der Pubertät, ganz neue Möglichkeiten eröffnete, mich auf die Veränderungen in mir zu konzentrieren.

Eure Erziehung, falls man dieses Wort wenigstens in diesem Zusammenhang gebrauchen darf, war ziemlich unauffällig und in all ihrer Widersprüchlichkeit befreiend. Erziehung ist ein schwieriges Geschäft, da einem die Gesellschaft fortlaufend über die Schulter gucken will, um zu erspähen, was für ein Biest da schon wieder heranwächst, die Steuergelder zu vergeuden. Zu Eurer Ehre muß ich sagen, daß Ihr Konflikte nicht vermeiden wolltet, sondern dafür gesorgt habt, daß sie in dickem Strahl herausschießen konnten.

Nach meiner Rechnung habe ich höchstens sechsmal eine Abreibung gekriegt, und ich bin dabei nicht einmal mit dem Bügeleisenkabel geschlagen worden, was am Rücken wehtut. Die bloße Hand, ein Birkenzweig oder ein von der Taille vorgewärmter Gürtel scheinen mir die ehrlicheren Alternativen gewesen zu sein.

Es sagt alles über Eure Milde, daß Ihr mich nicht in eine Erdspalte gesteckt habt, obwohl ich in den Wolken hing, und über Eure Weisheit, daß ich keine Spezialbehandlung bekommen habe.

Ich habe Euer Leben aus der Nähe betrachtet und kann sagen, Ihr habt ein gutes Elternleben geführt. Es gab darin genügend Fehler und genügend Erfolge, es sieht so wirklich aus wie ein klarer Märztag, wenn der Hausmeister in der Freizeit mit dem Stiga-Schlitten übers Schneefeld gleitet.

Ihr braucht das Leben nicht zu bereuen und Euch nicht nach seiner Vierfarbwiederholung zu sehnen. Ihr habt Euren Job mit Anstand erledigt, jetzt ist es an mir, einen Pfad in den Tiefschnee zu trampeln. Die Zukunft wird zeigen, ob er zum Brunnen oder zum Grab führt.

Schließlich will ich mich für Eure Ratlosigkeit bedanken. Daß Ihr mich mit keinem einzigen Wort in der Berufswahl beeinflußt und daß Ihr nicht den Sinn des Lebens geklärt, sondern mir nur Leben und Heim gegeben habt, welches ich nun mit spärlichem Proviant, aber gesättigt hinter mir lasse.

Unter der Dunstabzugshaube,
mit trübem Auge,
Buster, Euer Sohn

P.S.: Ich nehme bei der Gelegenheit gerade den Müll mit runter.

Liebe Angehörige,

bei mir läuft's wie geschmiert. Ich habe eine Kante vom Leben zu fassen bekommen. Die Charakterzüge, derer man im Heimatdorf überdrüssig war, werden in der Welt zu Tugenden. Hier schätzt man die Stummheit, weil es viel Lärm gibt. (Wenn du zur Rush-hour in der Straßenbahn eine Feder fallen läßt, wenden sich dir alle Blicke zu.) Und in der Filmwelt, in die ich in meiner Freizeit einen Blick hineinwerfe, wird man gut bezahlt, wenn man nicht spricht.

Bis jetzt bin ich in kleinen Rollen aufgetreten, bei denen es auf Geschmeidigkeit, Schnelligkeit und Stoßfestigkeit ankam. Bestimmt darf ich meine Ausdrucksformen erweitern, wenn ich meine ersten Rollen gut spiele. Jetzt am Anfang bin ich demütig, auch wenn ich in meinen Knochen spüre, daß Demut nicht meine Sache ist.

Meine tägliche Arbeit im Ersatzteilladen ist auf interessante Weise selbständig. Ich bin entspannter als in meinen Jugendjahren, gut erholt, denn ich werde in Ruhe gelassen. Niemand steht hinter meinem Rücken und überwacht, ob ich das richtige Teil aussuche, oder ob ich statt einem Zündkopf einen Doppelvergaser in die Tüte stecke. Ich habe mich abends mit den Feinheiten der Branche vertraut gemacht und mir alle möglichen Nippel eingehämmert. Es ist gut, zur Arbeit zu gehen, wenn das Gewissen von allem Öl gereinigt ist. Außerdem mag ich Ersatzteile, weil sie nicht ständig in Bewegung sind und sich verändern wie die Menschen.

Das Ersatzteilbusineß ist eine Branche mit Zukunft. Je hektischer alles läuft, um so schneller nutzen sich die einzelnen Teile ab. Kein Mensch, von Autos ganz zu schweigen, ist aus dauerhaftem, unbiegsamem Stahl. Jeder wird einmal aus den Angeln gehoben, das Chassis fällt an einer Ampel auseinander, und du sitzt mit dem Lenkrad in der Hand auf dem Bürgersteig und wunderst dich. Das manische Tempo hat beschäftigende Auswirkungen auf das Leben eines Ersatzteilverkäufers.

Wenn ich auch mit Wärme über meine augenblickliche tagtägliche Arbeit spreche, so heißt das nicht, daß ich für immer dabei bleibe. Mich interessieren mehrere Berufe, ich glaube, ich tauge zu vielem. Mein bester Freund Fatty Arbuckle sagte gestern: «Buster, du bist der Gummimann der Zukunft. In der Komik sind Timing und gute Physis am wichtigsten, und dieser Mäzen, den sie Schöpfer nennen, hat in der Beziehung wirklich an dich gedacht.»

Macht Euch keine unnötigen Sorgen. Als Wegzehrung habe ich von Euch einen Pferdekopf mitbekommen und einen schwarzen Anzug. Spätestens jetzt bin ich mir sicher, daß es für beides Verwendung gibt.

Buster

Liebe Angehörige,

am Ende meines letzten Briefes sagte ich, ein Pferdekopf und ein Anzug sind vonnöten. Wie recht ich damit hatte! Hier kann man von nichts genug haben. Tagsüber muß man sich in so viele Lagen begeben und dabei so vielseitig sein, daß man abends nicht weiß, welche Seite man von sich nach außen kehren soll, um Ruhe zu finden. Am Abend flexibel, vor der Mittagspause hektisch, nachmittags intelligent, am Abend erdnah, und mitten in der Nacht sollte man noch ein paar nette Charakterzüge in den Klüften des verwirrten Kopfes ausfindig machen! Nach dem Untergang des Idealismus füllen Eigenschaften und Adjektive den Kopf, all diese drögen Straßenbohrer, die sich ins Gemüt fräsen.

Hätte ich nicht den Kopf eines Pferdes, wäre ich schon zusammengebrochen, und man könnte meine Einzelteile auf der Asphaltdecke eines Parkplatzes zusammensuchen! Mutter, Du hast einmal gesagt, mit einem Pferdekopf hält man mehr Trauer aus, aber es gibt für so einen Kopf tatsächlich noch weitere Verwendung! Ein Pferdekopf ist geräumig, nach allen Seiten dehnbar, er reagiert sofort auf Druck von außen und macht Platz für neue Gefühle. In einen normalen Kopf passen eine Freude und zwei mittelgroße Depressionsanfälle oder alternativ eine große Trauer und zwei maßlose Pläne, aber ein Pferdekopf kann sich mit modernen Bastardgefühlen nur so vollsaugen, ohne sonderlich durcheinander zu geraten. Dank dieses Kopfes erinnere ich wenigstens annähernd an einen Menschen, und ich glaube heil aus diesem ganzen Durcheinander herauszukommen, auch wenn es für einen vollständigen Menschen zur Zeit keinen sozialen Auftrag zu erfüllen gibt. In kleinen Brocken muß man sich hier selbst anbieten, niemand ist an Fleisch am Stück interessiert.

Nun fragt Ihr Euch wahrscheinlich ungeduldig, wofür ich den schwarzen Anzug so dringend brauche und warum ich ihn für genauso wichtig halte wie einen Pferdekopf. Ein schwarzer Anzug ist ein Harnisch, ein Schild. Darin sitze ich gut, ich bleibe komplett, und was das beste ist, man kann mich für wen auch immer halten. Die Menschen werfen einen Blick auf den Mann im schwarzen Anzug, aber so etwas Unpersönliches erregt keine Aufmerksamkeit. Ich werde in Ruhe gelassen, man versucht nicht mehr, neue Eigenschaften aus mir herauszuzupfen. Der schwarze Anzug ist ein kleines, bescheiden möbliertes Büro, aus dem man das gedämpfte Klappern einer Schreibmaschine hört, ab und zu klingelt das Telefon, Papier raschelt, der Beamte gießt Kaffee in einen Pappbecher, die verstaubte Uhr zeigt zehn, im Radio läuft ein wunderbarer Schlager.

Buster

Sie über mich, ich über sie

II

Karotte, Beton und Reibeisen

Daryl Valley-Keaton, die Ehefrau,
schwelgt in Gefühlen

1

MEIN Mann Buster Keaton ist ein monomanischer Betonkopf.

Mit monomanisch meine ich eine schnurgerade Straße, die, hat sie einmal ihre Richtung gewählt, immer weitergeht, auch wenn man ihr sagte: «Wenn du so weitermachst, darfst du bis ans Ende deines Lebens Asphalt fressen.» Mit Beton meine ich das Material, aus dem massive und schlecht verrückbare Bauwerke gemacht werden.

Von der Haustür des Betongebäudes geht eine Straße aus, die auf mich zukommt. Ich muß ausweichen, andernfalls werde ich zum Trampelpfad dieser Straße.

2

BUSTER ist der widersprüchlichste Vogel, der sich je auf meiner Schulter niedergelassen hat. Er sieht aus wie eine Krähe, benimmt sich wie ein Falke und ist genauso exotisch wie jeder x-beliebige Spatz.

Über seine Flugbahnen kriegt man nichts raus, aber wenn man ihn fragt, erläutert er seine Route genau: «Ich fliege von rechts nach links, aber nie so schnell, daß ich nicht neben mich sehen könnte. Ich mag Sturzflüge, schätze aber auch den flachen Flug, wenn dein Moos meinen Bauch kitzelt.»

Buster mag es nicht, wenn man ihn einen seltsamen Vogel nennt. «Nennt mich wie ihr wollt, aber nicht seltsam. Und gießt mir keinen Honig auf die Flügel.»

Er ist kein Zugvogel, aber zwischendurch habe ich immer wieder das Gefühl, er ist weg, obwohl er da drüben sein Müsli pickt und sagt, er kommt um vier nach Hause. Wie kann jemand nur so natürlich weg sein, ohne aus den Augen zu verschwinden? Wofür bestraft man mich mit einem Vogel, der just dann aus dem Fernglas flattert, wenn ich es scharf gestellt habe?

3

BUSTER liebt schlecht, seine Gefühlsäußerung ist behindert. Mit den eckigsten Bewegungen nähert er sich mir wie ein Federgewichtsboxer, der seine Koordinationsfähigkeit verloren hat. Die Hände, die sich auf meinem Rücken bewegen, gehören einem Waisenknaben aus dem Einmachglas, der sich in den frühen Morgenstunden auf eine Art in mich hineinmurkst, die an einen Geistesgestörten erinnert.

Aber mein Gott, wie er sich anfühlt! Seine Karotte ist wie gemacht für mein Reibeisen, der Regen hat für seinen

Rettich genau das passende, mürbe Loch ausgehöhlt. Ich muß mich direkt an der Tischkante festhalten, wenn ich daran denke.

4

WENN ich Buster zusammenstauche, trinkt er wie ein Schwamm. Mit mechanischen Schritten geht er fünf Tage lang über das Wasser schummriger Bars und saugt alles auf, ohne auch nur einen Blick auf das Etikett zu werfen. Er trinkt nicht in seine Traurigkeit hinein, da ist kein Platz mehr, in seine Wut kippt er die Flüssigkeit, seine Wut ist aus Zement, und er hofft, der Alkohol könne die Wut aufweichen: wieder Wörter modellieren können, wo zwischen den Konsonanten wenigstens ein paar Federn schweben.

5

BUSTER ist ein fabelhafter Mann, aber die Ehe ist nichts für ihn. Er kann nicht auf natürliche Weise da sein, wenn er anwesend ist. Eine Ehe ist kein Hotel, wo man zuerst zur Rezeption kommt und dann auf sein Zimmer hochgeht. Eine Ehe ist nicht nur das Vorzimmer von irgend etwas Größerem. Manchmal ist er zu Hause wie ein Möbelstück, und ich schiebe ihn wie eine Innenarchitektin hin und her.

Am besten geht es Buster, wenn er mit sich selbst verkehrt und vollständig vergißt, daß es sich hier um eine Ehe handelt.

Ich kenne Ehen, in denen der Mann so vollkommen ist, daß die Ehefrau keine Lust mehr hat, ihren Plan in die Tat umzusetzen, mit dem ersten an der Tür auftauchenden Staubsaugervertreter Ehebruch zu begehen. So makellos ist Buster nicht.

Ich liebe ihn. Ich lebe, um herauszukriegen, warum.

Ehefrau, mit der Buster zum zweiten Mal verheiratet ist, schön, intelligent und wohlproportioniert, mag vegetarische Kost, wenn Buster nicht verfügbar ist.

BK:

Irgendwelche Brüder singen im Radio, daß hinter allem eine Frau steht. Die Formulierung ist ungenau. Die Frau steht davor. Stolz steht sie da und verdeckt die Vogelscheuche. Sie setzt sich hin, wenn der Mann die Wände hochgeht. Der Mann weiß nicht, was er tun soll, und wehrt sich mit Händen und Füßen, die Frau packt ihn am Schopf und zerrt ihn ins Schlafzimmer. Die Frau ist stark, deshalb macht es Krach, wenn sie zum Ausbruch kommt und tut in den Ohren weh. Den Schrei kann der Mann nicht ertragen. Der Mann ist im Schlafzimmer, im Geschäft und im Krieg von Nutzen, die Frau ist vielseitiger. Ihr Geist dehnt sich weiter, lockerer, sie muß nicht ständig bumsen, zahlen oder töten. Soviel über die Frau an sich.

Meine Ehefrau Daryl ist eine von der hitzigen Sorte, von der die Nachschlagewerke schweigen. Sie ist so lange warmherzig wie möglich, aber wenn ich ihr einen Grund gebe, schlagen die Steine Feuer und der häusliche Brand ist da. Ich sollte mit meinen Worten vorsichtig sein, im allgemeinen bin ich das nicht, Mäßigung wird in unserem Familienkurs nicht unterrichtet. Wenn wir streiten, machen wir das ordentlich, und wenn wir uns versöhnen, drehen wir das Radio lauter, damit die Nachbarn nicht gestört werden. Unser Motto lautet: «Streichle und erkläre, schlag zwischendurch mal zu und schicke schließlich die familieneigenen Faustwaffen zur Tombola des Friedensforschungsinstituts.»

Unser Leben ist groß und klumpig, wir lassen auch größere Erdbrocken aufs Parkett fallen, wir sind nicht übermäßig genau in unserer Einstellung zur Hygiene. Mit dieser Frau kann man nicht langsam und gesetzten Schrittes vorangehen. Man muß ständig einen kühlen Kopf bewahren und die Ski im Flur, denn man kann nie wissen, in welche Richtung sie als nächstes gehen wird.

Kleidete sich wie Schmidt und Virtanen, redete wie Smith

Der Herr Berater kartiert

MOND, Wein, besoffenes Geschwätz, Schulterklopfen und Blondinen. Diese zu einem Arbeitsverhältnis gehörenden zusätzlichen Vorteile machten auf Keaton keinen Eindruck, geschweige denn, daß sie ihn aus der Fassung gebracht hätten. Offensichtlich dachte er, sie gehörten dazu, wie zu einem Bürogebäude außer Auditorium und Konferenzzimmer ein Sanitätsraum und feuerfeste Türen gehören.

Keaton war eine Art Koordinator. Niemand kannte sein Tätigkeitsprofil genau, aber man nannte ihn einen bedeutenden Mann. Es hieß, er sei für seine Arbeit direkt dem Generaldirektor verantwortlich. Diese Information weckte Furcht, und wenn Keaton im Zimmer auftauchte, vertieften sich alle schnell in ihre Arbeit.

Auf seiner Stirn war ein kleiner Fleck, ein unkartiertes Gebiet, über das ausweichend gesprochen wurde. Manchmal, wenn sich das Unternehmen in einem Ruhezustand befand, wurde der Fleck im Gespräch berührt. Jemand behauptete, Keaton habe sich die Stirn an der niedrigsten Stufe der Organisation angeschlagen, und deshalb sei an der fraglichen Stelle keine gesunde Haut mehr nachgewachsen. Ein besonders Boshafter behauptete, der Fleck sei entstanden, als Keatons Frau versucht hatte, nach den heimlichen Gedanken ihres Mannes zu bohren.

Einmal wurde Keaton selbst nach der Sache befragt. Er antwortete ausweichend: «Ich kenne dieses Gebiet nicht, ich bin auf dem Koordinationssektor tätig.»

Meiner Ansicht nach war Keaton kein Mann mit Persönlichkeit. Er kleidete sich wie Schmidt und Virtanen, redete wie Smith, und um die Resultate seiner Arbeit ausfindig zu machen, hätte man ein Vergrößerungsglas gebraucht. Er konnte keine Fehler machen, denn er machte nichts. Keaton schlitterte über die Flure, zeichnete zerstreut Organisationsschemata in die Luft und stieß dabei mit den Laufburschen zusammen. In einem jähen Anfall von Energie mischte er sich in alle Probleme ein, ob es sich nun um Fragen der Personalentlohnung oder um die Reparatur des Overheadprojektors handelte. Als einmal ein Spatz in die WC-Lüftung geriet, konstatierte Keaton: «Auch das kleinste Detail kann sich auf das Gesamtklima des Unternehmens auswirken.»

Ich weiß wirklich nicht, worauf Keatons bis ins Mystische gekletterte Ansehen beruht. Wenn der Mann eine Persönlichkeit ist, stellt ein Pappbecher Industriedesign von höchstem Niveau dar.

Im selben Zimmer tätig gewesener, bei der Betriebsweihnachtsfeier am Nebentisch plazierter ehem. Arbeitskollege und jetziger Unternehmensberater.

BK:

Ich bin keine Persönlichkeit, ich schütte mir gerne Instantkaffee in den Pappbecher. Ich gehe nicht zur Arbeit, um irgend jemandem meine Individualität aufzudrängen, man sollte seine Arbeitszeit auch anders nutzen können. Persönlichkeit ist etwas, das sich einem unterwegs in die Kleider krallt, ein Ziel ist es nicht.

Ich ziehe mich gern wie Schmidt und Virtanen an, ich bin der Meinung, Schmidt und Virtanen kleiden sich gut. Einem leicht grau schimmernden schwarzen Anzug wird völlig umsonst etwas Schlechtes nachgesagt. Wenn ich wie ein geschmückter Weihnachtsbaum zur Arbeit ginge, könnte man mich für einen farbenfreudigen Sanierer halten.

Ich rede gerne wie Smith, ich mag kurze Hauptsätze mit Subjekt, Prädikat, Objekt und mit einem Verb dazwischen, das die Arbeit macht. Lange Nebensätze gehören in die Freizeit, mit ihnen kann man von Reisen in den Süden und von Ehebrüchen erzählen, bei der Arbeit verheddern sich solche Rüschensätze in den Kleidern, und man stolpert auf der Treppe über sie.

Und der Fleck? Damit der Herr Berater seinen Verstand nicht überanstrengen muß, enthülle ich seine Herkunft. Als kleiner Junge fuhr ich mit dem Dreirad in die Jauchegrube und verletzte mich an der Stirn so arg, daß es sich nicht mehr vollständig reparieren ließ. So banal sind die Hintergründe der seltsamsten Dinge. Nur als Tip, Herr Berater, so entstehen Legenden: Vergiß deine Nase an einer

Zirkelspitze, laß die Wunde vernarben und verbreite die Geschichte in Statements, die der Wahrheit immer wieder ausweichen.

Die Wirklichkeit hat sich den Fuß verstaucht

Eastwood humpelt

SCHWEIN gehabt. Schwarzeneggers Arnold hatte Grippe, und als ich Buster fragte, ob er sich in Arnolds Rolle prügeln wolle, antwortete er: «Klönt, ich helf' dir, denn ich mag deine Wangenmuskeln.»

Man hat gleich gesehen, daß da ein Meister am Werk ist. In der Szene, wo Arnold mit dem Fleischerbeil nach mir schlagen sollte, benutzte Buster eine Fliegenklatsche. Im Originalskript lautete die folgende Replik «aaaiiihhh», aber jetzt entfuhr mir ein «ai». Das machte mich fertig.

Buster tröstete mich, er hielt mir den reinsten Vortrag. «Klönt, du solltest dich nicht um stilreine Szenen scheren. Sorg einfach dafür, daß sich an deiner Stelle die Wirklichkeit den Fuß verstaucht, dann bleibst du rüstig. Am besten schmuggelst du in die Szene eine Flinte und eine Bananenschale, und wenn die Liebesszene anfängt, an ein Aufklärungsvideo zu erinnern, schubse Lee Marvin durch die Tür hinein und laß ihn fragen: ‹'Tschuldigung, ist hier meine Pumpgun vorbeigelaufen?› Klönt, wer erinnert sich in fünfzig Jahren noch an ein Fleischerbeil? Bei der Fliegenklatsche wär' ich mir da nicht so sicher.»

Später gab er mir einen Gastpart in einem seiner Kurzfilme. Er handelte von einer Frau, die versuchte, ihren

Psychopathenehemann zum Konditormeister auszubilden. In einer Szene mußte ich sechs Kuchen aus dem Fenster schmeißen, durfte ihnen aber nicht hinterherschießen. Buster war der Meinung, die Szene sollte ökonomisch ausfallen. Wenn auf die Kuchen geschossen wird, schlittert die Szene Torte für Torte auf die geschlossene Abteilung zu.

Im nächsten Streifen hätte ich einen Iglu spielen sollen, akzeptierte das aber nicht, weil mir Buster bei dieser Rolle jegliche Gewalt verbot. Schließlich hat auch unsereins sein Berufsethos.

Anyway, ich hab' von der Betonvisage einen positiven Eindruck behalten. Er hat ein Gespür für Nuancen, und er rümpft bei Gewalt nicht gleich die Nase. Außerdem ist er mit seiner Intelligenz nicht am Arsch, so wie viele von der Sorte Hirneigentümer, die sich auf provozierende Art darauf konzentrieren, ihre Psyche spazierenzuführen, anstatt mit der Wirklichkeit zu gehen.

Clint Eastwood, Bürgermeister, auf Dreiwortrepliken spezialisierter Vertrauensmann, spaziert durch Filme und schießt.

BK:

Klönt ist ein prächtiger Schlingel, obwohl Schlingel das falsche Wort ist, denn ein Kind im eigentlichen Sinn ist er nie gewesen. Sein Vater hat ihn mit häßlichen Methoden großgezogen. Immer wenn Klönt etwas falsch machte, ließ sein Vater das Bügeleisenkabel auf dem knöchernen Parkett seines Rückgrats tanzen. Zwischen Abreibungen und Falschmachen war schlicht und einfach kein Platz für eine lockere und ungezwungene Phase wie die Kindheit. Klönt krachte und polterte an der Kindheit vorbei und stellte plötzlich fest, daß er sich im Erwachsenenstadium befand, an der Milchabholstelle, wo rechts und links die Autobahnen rauschten: Kindheit und Alter.

Das Erwachsenenstadium ist sowohl eine lärmende als auch eine stille Zeit. In beiden war Klönt der richtige Mann am richtigen Ort. Es bereitete ihm keine Schwierigkeiten dazwischenzugehen, in der Mitte durchzustürmen oder eine Tür aus dem Weg zu räumen. Und wenn ein Mann gebraucht wurde, der gewandt mit einem Wortschatz kommunizierte, wie er in ein Pistolenholster paßt, stand Klönt bereit. Er wurde zum Maximierer der Knappheit und zum Freund der Waffen. In seiner Ernsthaftigkeit war er lächerlich, das gehört zu unser aller Krankheitsbild.

Es ist nicht einfach, ausdruckslos zu sein und das auch ökonomisch einzusetzen. Mancher versuchte es und reüssierte damit vollkommen: er wurde unbedeutend. Klönts Miene ist geladen. Der Finger des Zuschauers liegt auf dem Abzug.

Er hat seine Tränen gefrieren lassen, und jetzt läßt er Eisklumpen auf unsere Haargarnteppiche fallen

Miller meckert

ALS ich zum ersten Mal dieses mit der Axt geschnitzte und mit einem unbrauchbaren Fahrtenmesser verfeinerte Gesicht sah, war ich sicher, daß es sich nicht um einen abgeklärten und glücklichen Filmregisseur der mittleren Generation handeln konnte.

In vielen verschiedenen Zusammenhängen bin ich immer wieder auf Keatons Kindheit und ihre Bedeutung für seine späteren Entwicklungsstadien zurückgekommen. Es ist ein unbestreitbares Faktum, auch wenn sich Buster dem nicht stellen will, daß die in der Kindheit erfahrene physische und psychische Gewalt in ihm bleibende Narben hinterlassen hat. Man braucht sich nur das Gesicht anzusehen. Hinter dieser unerschütterlichen Traurigkeit muß sich eine entsetzliche Menge an stummer Not und unterdrückter Wut verstecken.

Seine Eltern waren umherziehende Vaudeville-Entertainer, die von einer Stadt zur anderen tourten und dabei mit ihren Sketchen und Kunststücken die Menschen amüsierten. Buster wurde schon mitgenommen, als er noch ganz klein war. Die Eltern schleppten den kleinen Kerl mit sich herum und hatten damit Erfolg. Das Publikum brüllte vor Lachen. Der Vater brachte seinem Sohn das harte Geschäft der Komik bei: auf keinen Fall lächeln, komme was da wolle! Und wie wir wissen, hat dieser Mensch danach nie mehr gelächelt.

Die Schulbehörden versuchten, die umherziehende Familie zu erwischen, aber *The Three Keatons* waren stets flinker als der Arm des Gesetzes. Busters Schulbesuche blieben auf ein Minimum beschränkt, er wuchs zu einem Berufskind heran. Als Zwanzigjähriger hatte er bereits eine umfangreiche Karriere als Spaßmacher hinter sich.

Buster Keaton hat auch als Koordinator, Betriebsklimaforscher und Ersatzteilverkäufer gearbeitet. Ich bin sicher, diese Berufe wählte er als Schutzschilde. Ich glaube nicht, daß er an diesen Tätigkeiten wahrhaft interessiert war. Er ist eine schwer charaktergeschädigte, gestörte Persönlichkeit, die Schutz sucht vor den in der Kindheit erfahrenen Erschütterungen. Ich glaube, daß auch manch anderer Ersatzteilverkäufer seine Kindheit als unzulänglich erlebt hat, wenn er später den betreffenden Beruf ergriffen hat.

Für Keatons Filme kann ich mich überhaupt nicht begeistern. Sie sind kalt und mechanisch, immer passiert etwas Schlechtes in ihnen, die Bretter ragen in alle Himmelsrichtungen aus den Gebäuden, die Züge fahren nicht gleichmäßig, und die Hauptfigur könnte durch eine Betonkarotte ersetzt werden. Ich verstehe die Menschen nicht, die darüber lachen können und darin etwas Großes erkennen. Was soll an einem chronischen Unfall denn genial sein? Keatons Filme sind Eisklumpen, die von der Leinwand auf unsere Haargarnteppiche fallen.

Alice Miller, einsame Provinzfinnin, Wissenschaftlerin/Beraterin, Leiterin der Depressionsbiennale, Juryvorsitzende für die Verleihung von «Goldener Palme» und «Goldenem Strick», Rechthaberin.

BK:

Ich mag Wissenschaftler, sie haben elastische Gehirne. Viele von ihnen haben nicht in meiner Familie gelebt, aber dennoch gelingt es ihnen, sich in die Probleme meiner Familie hineinzubohren und daraus unbeschadet in die Zivilisation zurückzukehren.

Ich gebe zu, daß meine Erziehung nicht im Lot war, wenn man mit Lot das Ideal meint, das man in dem Werk *Die besten und vollkommendsten Kindheiten aller Zeiten* meint. Meine Eltern verstanden Erziehung als Zugucken von der Seite und streichelten mir nicht den Kopf, wenn ich ohne ihr Zutun eine Kiefer gefunden hatte, gegen die man ihn schlagen konnte. Keine Frage, ihre Auffassung von Komik war strikt ergebnisorientiert: wenn das Publikum nicht lacht, gibt's nichts zu beißen. Und klar bekam ich Schläge, aber die kann man nicht einmal vergleichen mit den Satzhämmern von gebildeten Menschen, wie sie mir später unter die Augen gekommen sind.

Alice, was soll ich dir sagen?

Warum mit einem Waldarbeiter disputieren, der beim Anblick einer abgeholzten Fläche als erstes folgenden Schluß zieht: hier ist etwas Fürchterliches geschehen, das wird dieser Preiselbeerzweig nicht überleben.

Von allen Verbänden anerkannte positive Faust

Tyson ganz sanft

Er sieht aus wie ein Schmetterling, dem man mir nichts dir nichts die Flügel ausrupfen kann. In der Bronx wird so ein knochiges Schmalgesicht zum Baseballschläger tiefgefroren. Das ist der erste Eindruck, okay, aber du kriegst den Kerl einfach nicht zu fassen, er schlüpft dir unter den Achseln durch wie eine Feder und quirlt sich auf der anderen Ringseite in die Seile. Wenn du schlapp machst, weil du acht Runden lang in der Luft rumgeschlagen hast, gibt er aus den Seilen heraus Gas und parkt seine knochige Faust von schräg unten an deiner Kinnspitze. In der Bronx reagiert man auf so einen Stil nicht gerade mit Begeisterung.

Er nimmt das Boxen nicht ernst, auch wenn er selber sagt, er nimmt jede Angelegenheit ernst genug. Ich trau' diesen Klugscheißern nicht. Wo bei anderen der Verstand sitzt, haben die einen Korkenzieher. Wenn du einen normalen Typen im Obergeschoß auf die Bretter donnerst, hüpfen unten die schwersten Möbel hoch, aber wenn du einem wie dem eine schmetterst, hast du das Gefühl, auf dem Dachboden kommt bloß ein Stoß Papier ins Rutschen. Steckt gut ein, wie es in der Ecke heißt.

Das Schmalgesicht interessiert sich fürs Ausweichen und die Deckung, der K.O. hat ihm zu sehr den widerlichen

Geruch der Wahrheit. Ich möchte wissen, was daran widerlich sein soll, ich finde, ein Baumwollpflücker ist im waagrechten Zustand am besten. Das Schmalgesicht findet übrigens, ich hau' zuviel drauf. Fuck, ich bin geboren, um zu schlagen, Fresse ist bestimmt das erste Wort, das ich gelernt hab', und jetzt, wo ich damit meine Schäfchen ins Trockene gebracht hab', seh' ich zu, daß ich nicht mehr als zwei Runden Höflichkeiten entgegennehme. Ist nämlich nicht schlecht, wenn man auch mit vierzig noch seinen Namen glaubwürdig schreiben und sich am Telefon eine Pizza bestellen kann.

Das Schmalgesicht hat mir einen Vortrag gehalten. Auch wenn ich ihm nicht Wort für Wort gefolgt bin, war er gut. Der Kerl gefällt mir, die wenigsten trauen sich, vor mir sowas loszulassen:

«Mike, reiß den Mund nicht so auf. Auch wenn es für die Sportart typisch ist, vor dem Kampf ausgesuchte Schilderungen der Persönlichkeit des Gegners und seiner Chancen unter die Leute zu bringen, solltest du diese Tradition nicht fortsetzen. Die Sportart ist geräuschvoll genug, wechsle die Tonart. Sag vor dem Kampf gar nichts, sondern gib nur schriftliche Stellungnahmen ab. Hebe die positiven Seiten deines Gegners hervor. Sei direkt sanft, auch wenn das brutal gegen deinen Charakter geht. Erzähl ihm, wie du seine harte Stirn, das straffe Zwerchfell, die leichten Bewegungen, den stromlinienförmigen, mit Geschmack ausgesuchten Sportwagen schätzt. Unterstreiche seinen rechtschaffenen Charakter, die Tiefe seiner Ansichten und lobe auch die Wohngegend, die er als Umgebung für sein schönes Heim gewählt hat.

Damit baust du eine Überraschung auf, du brichst die Tradition! Nichts bringt einen Gegner oder einen Menschen so durcheinander wie Wohlwollen. Das ist ein echter Haken, den niemand, erst recht nicht von dir, erwartet! Knete mit deinen Statements den Teig, heize den Ofen auf zweihundert Grad und backe deinem Gegner einen übersüßen Kuchen, aus dem in der sechsunddreißigsten Sekunde der dritten Runde eines von den Knochenquintetten hervorschießt, die in der Wärme der Bronx gar geworden sind.»

Mike Tyson, Beziehungsberater und Boxer aus der Bronx, in Amtsgerichten und Treppenaufgängen vernommen, geradeheraus, nimmt die Welt in Form von Gläsern, Backsteinen, Beton und Geldscheinen wahr.

BK:

Gewalt ist eine praktische Tätigkeit, die zur Geschäftstätigkeit wird, sobald genügend viele Leute bereit sind, dafür zu bezahlen, daß einer der Kämpfer sich an die Namen der Sternkreise erinnern wird, die an der Hallendecke befestigt wurden. Meiner Ansicht nach ist Gewalt dann am besten, wenn vorbeigeschlagen wird oder dorthin, wo es nicht beabsichtigt war.

Ich habe ohnehin eine besondere, perverse Beziehung zur Tolpatschigkeit. Ich mag Menschen, die für ihr Leben keine Stuntmen bezahlen, sondern sich kopfüber in die Szenen stürzen, bereit, ihre Ehre zu verlieren, ihre Nase und ihre Geldbörse. Mike ist einer von diesen Typen. Ich kann diese motorisierte Muskelmasse nur bewundern, um die all das herumschwirrt, was einem anständigen Mann, der Stuntmen engagiert, erspart bleibt: förmliche Frauen, unkonventionelle Aufputschmittel und hinter der nächsten Ecke Herausforderer, die sich die Nägel feilen und eine primitive Erziehung genossen haben.

Der Unglückliche wird in Ruhe gelassen

Chaplin zieht Bilanz

Ich bin ein guter Mensch. Das ertrage ich noch, aber dann haben sie auch noch einen Humanisten aus mir gemacht. Und nachdem ich ein paar Jahre lang zugehört hatte, wie mir der Sirup in die Ohren troff, fing ich an, selbst daran zu glauben. «Chaplin ist auf der Seite der kleinen Leute, Chaplin ist unser aller Gewissen, Chaplin neigt zur Linken, das Geld hat Chaplin nicht korrupt gemacht, er ist der am meisten denkende reiche Mensch der Welt.»

Der Sirup hat mir das Gehör genommen. Ich war nicht mehr in der Lage, mein Ohr Mißtönen zuzuneigen, ich hörte die Heuschrecke nicht mehr, die von einer Sache zur andern sprang, ohne sich darum zu scheren, was ihr die Leute so sagten. Am Anfang meiner Karriere, als meine Ohren noch sirupfrei waren, war ich eine taube Heuschrecke, die sich in ihrer Verblüffung über das Leben auf die Blume des Humors setzte. Nach dem Hinsetzen seufzte ich nicht: «Das ist aber toll, sich als Genie hier ein bißchen zu verschnaufen.» Wenn der Instinkt verlorengegangen ist, kommt das Selbstbewußtsein, die Professionalität – das Grab.

Dieser Keaton ist anders. Wenn wir übereinander reden, gebrauchen wir nicht diesen wenig aussagekräftigen Komperativ: besser, also anders. Er ist düster und unglücklich. Das sagt gar nichts. Die Wörter zerbröckeln, wenn man ihn beschreibt. Übrig bleiben betäubte Silbenreste, die über das Papier taumeln. Keaton ertrug das Leben mit Müh und Not. Alles, was er machte, krachte, schwankte und knirschte. Häuser, Autos, Gleise, Sinn. Er ist zerbrechlich und elastisch, sensibel und gefühllos. In seinen Filmen stellt er einen Menschen dar, der ratlos lebt und verdutzt stirbt.

Keaton hat nie auf Lob gehört, und ihm wurde auch nicht der Mantel der Humanität über die Schultern gelegt. Er wurde in Ruhe gelassen.

Charles Chaplin, Tramp, im Film arm, wenn der aus ist reich, hat das Leben begriffen; hat niemandem Ernsthaftigkeit aufgedrängt und hatte gegenüber dem Spaß eine lakonische, sentimentale, in der Praxis feuchte Einstellung.

BK:

Sentimentalität ist eine Disziplin, die Frauen zum Weinen bringt und Portiers dazu, sich Mühe zu geben. Es handelt sich um eine ebenso sensible Disziplin wie Hochsprung. Nur eine Träne zuviel, und die Latte fällt. Chaplins Latte zitterte auf der Halterung, aber das Publikum feuerte sie so an, daß sie liegen blieb.

Manchmal unterhielten wir uns über die Disziplin, erzielten aber nie Übereinstimmung. Ich wollte eine Latte entwickeln, auf der es sich der Springer bequem machen kann. Chaplin wollte, daß der Springer ausreichend oft scheiterte, um den größten Erfolg davonzutragen, die Unterstützung des Publikums. Darin erkannte man den Unterschied zwischen uns beiden, den Unterschied zwischen einem Beamten und einem Mann des Volkes.

Eine genervte Regenrinne läßt was raus

Harry Dean Stanton, Keatons Sohn,
spricht, weil er gebeten wurde

Ich war gerade dabei, im Zentrum dieses Kaffs namens Kälviä Regenrinnen zu verkaufen, als ich gebeten wurde, etwas über meinen Vater zu sagen, den ich zuletzt vor zwanzig Jahren gesehen habe. Und jetzt sollte ich, ein Kaktus mit staubtrockener Kehle, meine sonnenverbrannten Lippen in Bewegung setzen und, ohne einen Schluck zu trinken, irgendwas sagen. Ziemlich viel verlangt von einem Sohn, der von seinem Vater Einflüsse aufgenommen hat, die sich im normalen Arbeitsleben nicht nutzbar machen lassen.

Alle meinen Buster Keaton zu kennen, den Mann, der einer Theorie nach ein stummer Komiker, nach der Meinung eines anderen ein vielversprechender Ersatzteilverkäufer, nach der Ansicht meiner Mutter ein der Ehe gegenüber geistesabwesend eingestellter unfreiwilliger Komiker und, wenn man den Umfragen glauben darf, verdammt witzig ist. Was soll ich also noch mehr Eigenschaften auf die Schultern dieses schmächtigen Mannes laden? Ach, der Blickwinkel eines engen Familienangehörigen? Scheiße! Ich glaube nicht, daß man aus nächster Nähe irgend etwas anderes sieht als den schwarzen Strich des Mundes, die Augen, die an Tomatenhälften erinnern, und diesen verflucht flachen Hut! Ich mußte bis in die finnischen Niederungen gehen, bis ich im Stande war, an meinem Vater wenigstens das Rückgrat zu erkennen, und ich habe immer noch das Gefühl, daß die Umrisse verschwimmen und er in den Wellen des Scheunenmeeres versinkt.

Der kleine Mann war für mich ein fataler Vater. Ich habe einfach zu viele Einflüsse abbekommen, obwohl ich mein Elternhaus ziemlich früh verließ. Für Filme hatte ich mich nie interessiert, doch schon bei meinem ersten Bewerbungsgespräch bei einer großen Öl-Gesellschaft war man der Meinung, ich hätte eine größere Zukunft auf der Leinwand als an der Tankstelle vor mir. Ich fragte mich, was ein schmächtiger, verschwitzter Mensch mit Schwierigkeiten beim Sprechen in einem Film zu suchen hat, bis Sam Shepard es mir erklärte: «Harry, dein Job ist es, verirrt irgendwo in der Prärie rumzulaufen, und wir bleiben dir mir surrender Kamera auf den Fersen.» Das nervte. Ich hatte meinem Vater zu Hause und auf der Leinwand zugeschaut und genug von dem Gestolper dünner, wehrloser Männer. Ein anständiger Beruf wäre mir lieber gewesen, was ist das schon für ein Beruf, in dem man Wehrlosigkeit auf Filmen konserviert und die Menschen an der Nase herumführt, damit sie auch noch dafür bezahlen, sich das anzusehen?

Also gut. Wenn ich jetzt etwas über ein paar von meinen Rollen erzähle, werde ich gleichzeitig auch auf meinen Vater zu sprechen kommen, der mir fremd blieb, weil er mir viel zu nahe war.

Fast in allen meinen Rollen ist die Umgebung eine Wüste, die Wildnis, eine unwegsame Strecke oder eine Prärie, die mit ein paar im Sand schlafenden armen Dorfbewohnern ausstaffiert worden ist. Das Drehbuch ist eher ein Entwurf. Sam Shephard zum Beispiel hat die Angewohnheit, sich auf der Rückseite eines Kassenbons ein paar Zeilen zu notieren; etwa so: «Lange Straße, windig. Kamerafahrt auf weiß angezogenen Harry, der schwitzt. Nahaufnahme vom Gesicht, Musik. Replik, gemurmelt: ‹Wo fährt hier der Bus in die Suburbs von Helsinki?›»

Ich bin nicht zufrieden mit meinen Rollen. Würde es euch vielleicht interessieren, einen Werkstattgehilfen darzustellen, der sein Gedächtnis verloren hat und in einer einsamen Wohngegend nach Ersatzteilen sucht? Oder den sogenannten Hit Man, einen Doppelmörder, der sich die Hand an jeder Waffe verkohlt, die ein bißchen ernsthafter als eine Wasserpistole aussieht? Oder einen alkoholisierten Staatsbeamten, der wegen eines Dienstvergehens an die finnische Küste geschickt wird, um dort Regenrinnen und Feuerleitern zu verkaufen? Alle diese Rollen, durch die ich ging, wie ich es selbst für richtig hielt, bekamen zustimmende Kritiken. Einmal wurde ich bei der Depressionsbiennale von Venedig für die beste männliche Nebenrolle vorgeschlagen.

Ich bin kein glücklicher Mensch. Ich kann mich am Leben nicht erfreuen. Sam Shephard brachte die Sache bei einem Premierencocktail auf den Punkt: «Harry, du bist unmöglich. Man könnte meinen, dir hat schon auf der

Entbindungsstation jemand den Anker eines Eisbrechers ins Herz eingemauert.»

Was noch über meinen Vater? Sollte man über ihn überhaupt irgend etwas sagen? Ist die Welt nicht bis zum Abwinken voll mit Keatons? Wir sollten aus einem Mann nicht so eine große Nummer machen. Außerdem habe ich jetzt einen neuen Beruf. Ich verkaufe Regenrinnen. Das ist eine klare und einfache Sache. Sagt das aber keinem in Hollywood, sonst taucht hier bald irgendein Schlaumeier mit seiner Kamera auf und filmt meine Geschäftstätigkeit.

Harry Dean Stanton, Keatons Sohn, Ex-Schauspieler, ist gegenwärtig als Rinnenverkäufer an der finnischen Westküste tätig und verbringt seine Feiertage damit, daß er für einen Augenblick erstarrt und einen Telegrafenmast an einem langen Kieswegabschnitt imitiert.

BK:

Harry ging von uns weg, als er noch sehr jung war, schlug die Tür hinter sich zu und wünschte uns alles Gute mit den Worten: «Bring nur dein ganzes Bewußtsein auf die Leinwand, Alter, dann bleibt die Mutter im Futter!»

Später hörten wir nur noch wenig von ihm. Wir mußten uns damit begnügen, unseren Wissensdurst mit der Lektüre von Filmzeitschriften zu stillen. Harry trat in Tonfilmen auf, obwohl man ziemlich die Ohren spitzen mußte, um das zu merken. Ich finde, er ist eindrucksvoll in diesen Filmen, und das sage ich nicht aus Verwandtschaftsliebe.

Ich kenne Menschen, die, nachdem sie Stanton einmal mit aufgesprungenen Lippen in der sonnenverbrannten Wildnis gesehen hatten, anfingen, die Coca-Cola-Straßenreklame ernst zu nehmen.

Harrys Verbitterung und Haß sind berechtigt. Ich bin kein guter Vater gewesen. Ich war nicht da, wenn ich gebraucht wurde, und in den Stunden, die ich zu Hause verbrachte, konzentrierte ich mich auf den Inhalt meines Kopfes. Und als ich dann endlich aus meinem Moderschlamm in offenere Gewässer gelangte, war es zu spät. Harry hatte genug. Meine Frau versuchte, dem Jungen die Gesetzmäßigkeiten des Lebens in einer Komikerfamilie zu erklären, aber Harry wies uns mit den Worten zurück: «Erstens ist Buster kein Komiker, sondern ein Kopist banaler Unfälle, und, zweitens, ist das hier keine Familie, sondern ein Three-star-Hotel, das von einem Star terrorisiert wird!»

Harry brach mir das Herz und verlieh dem Ganzen Nachdruck, indem er die Spitze eines seiner Rock 'n' Roll-Schuhe in den Morast stieß. Das Schlimmste an der Sache ist, daß ich ihm keine Vorwürfe machen kann. Ich kann nicht aus der Nähe lieben, erst wenn die Lieben schon flimmernd am Horizont schweben, machen sie mir eine Gänsehaut und bringen das Blut in meinen Beinen auf Trab. Und dann mache ich mich, die Nacht im Rücken, viel zu spät auf den Weg hinter ihnen her, und sie wollen mich nicht mehr. Sehnsucht und Schmerz haben sie zu Telegrafenmasten abmagern lassen, und da stehe ich dann wie ein erbärmlicher Kojote am Straßenrand, der darauf wartet, daß ihm das Nichts einen Lift gibt.

Busters Referenzliste

Zusammenfassung von offiziellen Akten, Arbeitszeugnissen und Interviews der Head Hunter GmbH

1

NICHT in störender Weise persönlich. Aus der Psyche hängen keine Rüschen und keine Troddeln heraus, über die man stolpern könnte: ungehindert gelangt man von der Diele in die Küche.

Man kann die Normalität der Person fassen, aber man bleibt nicht daran kleben. Kommt nicht zwischen deine Rippen, um sich vor dem Regen unterzustellen. Die Augen bleiben auf dir haften, er kann sich konzentrieren, sieht nicht an dir vorbei, wenn du zu ihm sprichst.

Sieht durch die Dinge hindurch, setzt den Schnitt erst, wenn er sicher ist, daß du es aushältst, zwei zu sein.

2

WITZIG, war offenbar viel allein. Hat sich als Einsamer auch zu anderen unbrauchbaren Gegenständen wie zu sich selbst hingezogen gefühlt, aus jenen Zeiten stammt das tiefe Interesse an aussortierten Details. Der gewitzte Einsame sieht genau, seine Energie geht nicht für die Routine der Liebe drauf.

Hat die Einsamkeit als Zeit des Materialsammelns aufgefaßt. «Diese Zeit schärfte meinen Blick, nun hoffe ich, meine glückliche Kamera hat kein kurzes Gedächtnis.»

3

SCHEINT so, als ob der Befragte niemals von sich selbst spricht. Das ist ein angenehmer Wahn, denn mit wenigen Worten bläst er aus dem Sand viele bedeutende Faktoren hervor. Weil der Befragte nicht die Ichform benutzt, scheint es dem Zuhörer, als sei die Rede von allgemeinen Dingen. Bleibt nicht auf seinem Platz, fängt seine Sätze nicht mit «nun ist es natürlich so» an. Nach Ansicht des Befragten ist eine allgemeine Angelegenheit eine weißes Gebiet auf der Landkarte, in das man sofort irgendeine, für uns äußerst wichtige Stadt hineinzeichnen muß.

4

KEATON ist verschlossen und in sich gekehrt, das macht einen guten Eindruck. Verschließt sich, ohne Aufmerksamkeit zu erregen, als ob ein Blatt auf die Erde fiele oder der Treibstoff zweihundert Meter vor der Tankstelle ausginge.

Keaton wendet sich nicht nach innen, um sich vor der Außenwelt zu verschließen, im Gegenteil. Sammelt die wichtigen Dinge auf, schiebt sie sich unter den Arm und sieht sie im stillen Kämmerlein gründlich durch. Wenn er herauskommt, hat er vieles ausgesiebt. «Sieh her, hier habe ich einen Baumstumpf, vor zwei Wochen war mir düster zumute, weil ich eine höllisch große Kiefer in die Kammer zu tragen hatte.»

5

Tritt nicht in dein Leben wie ein Schaufelbagger, sondern gleitet durch den Briefschlitz wie eine Reklamezeitung. Am Morgen liegt auf dem Fußboden im Flur ein Paar spitzer Schuhe Größe dreiundvierzig, und aus der Küche fragt eine Stimme: «Wo bewahrt ihr denn die Filtertüten auf?»

Du gewöhnst dich an deinen neuen Kumpanen. Er ist sauber, was die Liebeskünste angeht mittelklasse, in den Kniekehlen mit leichtem Ausschlag. Kann bei Bedarf Englisch, Schwedisch und leidlich Finnisch reden. Pinkelt nicht auf den Schüsselrand und trinkt kein Rasierwasser.

Liebt Sachlichkeit, die mit scharfen Lügen gewürzt ist, haßt jede Wahrheit, an der noch niemand herumgefummelt hat.

Fürchtet sich vor Nähe und sehnt sich danach. Zu empfehlendes Risiko: mit ihm zusammen in einen Aufzug geraten, einen ausgedehnten Sonnenurlaub verbringen.

6

IST nicht besser und nicht schlechter als irgend jemand anders, niemand braucht wegen seiner Anwesenheit nervös zu werden. Schlägt dich in keiner der normalen Disziplinen. Beim Armdrücken verliert er gegen einen zerstreuten finnischen Spitz und beim Gewichtheben belohnt er sich selber mit einem Schluck Gin, nachdem er eine Packung Kaffee zur Hochstrecke gebracht hat.

In den seltsamsten Disziplinen gut. Als da wären: anderthalb Wochen Stillwerden am Grab der unbekannten Großmutter und in Gesellschaft eines abgehalfterten Liedermachers bei Minusgraden am Nullpunkt herumstehen.

7

IST keiner von den Menschen, von denen man sagen kann: «Das ist aber ein guter Mensch! Ach wie sympathisch!» Eindeutiger Durchschnittsmensch, bei Bedarf unangenehm, in der Stunde der Not liebevoll, im Alltag eine Rabattmarke, auf Festen eine Rakete. Lohnt sich, ihn mit auf eine einsame Insel zu nehmen (sofern man dort mit der Fähre hinkommt und wenn es unterwegs Bordservice gibt).

Gute Ergänzung zu einer ausgeglichenen Familie, kann als Kind oder Familientagesbetreuer eingesetzt werden. Paßt zu zeitlosem Mobiliar als schwarzweißes Sofa.

8

Erschreckend vielseitig. Wird nicht nervös, wenn er von Tür zu Tür Flachhobel oder Beziehungskurse verkaufen muß. Ohne eine Miene zu verziehen, verkauft er berauschende Erfrischungsgetränke aus dem Kofferraum eines japanischen Autos. Beteiligt sich gerne an einem Sammelwerk, in dem sich bekannte Erwachsene Gedanken über ihr Verhältnis zur Selbstbefriedigung oder zu den wilden Zwanziger Jahren machen. In zwielichtigen Verhältnissen wie zu Hause, kennt kein besseres Apartment als eine finstere Toreinfahrt.

Ein Wunder, daß er seinen Beruf nicht häufiger gewechselt hat. Der Befragte wäre ein hervorragender Betriebschef, Arbeitsschutzbeauftragter, Personalchef, Haushälter oder landwirtschaftlicher Urlaubsvertreter auf einem Hof, der sich in ruhigeren Zeiten auf die Überproduktion von Vogelscheuchen spezialisiert.

Das blaue Rechenheft

III

Das blaue Rechenheft ist Keatons Notizbuch mit Aufzeichnungen über Filme, Gemütsverfassungen, Kleidung, Geschmackssachen usw., über die man nicht mit anderen Leuten reden kann. «Aus diesem Heft geht alles Notwendige hervor, Interviews habe ich immer gehaßt, in ihnen hört sich jeder wie ein lallender Dummkopf an, unabhängig davon, wie redlich er sich darum bemüht oder ob er versucht, es zu vermeiden. Aus dem Notizbuch kann jeder in aller Ruhe seine eigenen Schlußfolgerungen ziehen; ich werde niemandem mit meinen Ansichten im Nacken sitzen.»

Hinter dem Schuppen wird dem ein Ende gemacht, das angefangen hat zu dominieren

Ich ziehe ein Stück Lachen aus meiner Tasche. Ich lege es auf den Hackklotz und schlage es mit dem Beil entzwei. – Humor beginnt dort, wo sonst nichts mehr geht, sage ich und werfe die Lachstücke ins Gras. – Und hört auf, wenn alles gelingt.

Zwei Wochen später wächst hinter dem Schuppen eine Blechpalme, deren Wipfel in der Luft Wurzeln schlägt und deren Wurzel blüht. Die Leute kommen von weit her, um sich das anzuschauen, denn das ist nicht die Blume des Humors und auch nicht der Wacholder der Tragik. Es ist etwas anderes. Niemandem ist klar, warum die Blechpalme so beliebt ist, denn sie ist häßlich verrostet, und die Mikroben hüten sich vor ihr.

Es ist mir nicht gelungen, einen klaren Grund für die Beliebtheit der Blechpalme zu liefern, aber ich ermuntere alle, die die Palme anstarren, mit den Worten: «Gewöhnt euch an die Starrheit und die Häßlichkeit, solchen Bäumen gehört die Zukunft.»

Merkzettel für den Stummfilm

1. Eine *Torte*, die jemand wirft oder die von selbst über die Szene hinweg oder daran vorbei fliegt. Es darf nicht viele solcher Kuchen geben, und man darf nicht ununterbrochen damit werfen. Falls das Budget knapp ist, kann man die Torte durch einen anderen Gegenstand ersetzen. Möglich sind Nudelholz, Beil oder Schaufel.

Die Torte muß entweder etwas treffen oder so weit am Ziel vorbeifliegen, daß es Aufmerksamkeit erregt. Das Ziel muß nicht unbedingt ein Mensch sein. Wutentbrannt kann die Hauptperson mit der Torte zum Beispiel nach einer Mücke werfen, die provozierend in der Ohrgegend herumsummt. Zielt man mit der Torte auf die Mücke, gerät man in ein lächerliches Licht. Das ist unser stummes, laut unausgesprochenes Ziel.

2. Ein *Zug*, der mit vollem Tempo von einem Ort zum anderen fährt und vom falschen Typen gelenkt wird. Wir leben schnell, wir haben keine Zeit, die richtigen Personen für die verschiedenen Tätigkeiten zu engagieren. Wenn der richtige Lokführer den Zug lenkt, verliert die Szene das Aroma.

Mit dem Zug wird so gefahren, daß immer jemand unter ihn geraten will oder daß die Wand der Bahnhofshalle fahrplanmäßig erreicht wird. Der Zug verkehrt auch auf

Schienen, weil ein Film nicht nur die Wirklichkeit entgleisen lassen will, sondern auch ein Traum ist.

3. Ein *Polizist* , der einen Räuber verfolgt. Der Polizist ist ungeschickt; aber jetzt genau: der Räuber ist genauso ungeschickt. Nicht zu dem billigen Trick greifen, nur die Amtsgewalt als Idioten darzustellen. Du darfst kein verstockter Romantiker sein, du kannst dir so eine Gefühlsduselei einfach nicht leisten. Im Film sind alle schnell, ungeschickt, ständig in Bewegung und am Schwitzen. Es ist sinnlos auf einen zu deuten, wenn die Kamera zwei zeigt.

4. Eine *Frau* , ein *Schatz* , ein *Job* , ein *Traum* oder *irgendein anderes Ziel,* hinter dem die Hauptperson herrennt und wegen dem sie bereit ist, ihr Leben, ihre Nerven, ihr Auto, ihren Zug, ihre Torte und/oder ihre geistige Gesundheit zu verlieren. Diese Dinge sind groß und leidenschaftlich, an ihnen ist nichts Lächerliches, das Lachen kommt daher, daß sie nicht fahrplanmäßig erreicht werden und nicht in gutem Zustand. Wenn es/sie erreicht wird/werden, steht der Schweiß auf der Stirn, sind die Hosen verknittert, das Auto zerlegt, der Zug aus den Gleisen, das geistige Gleichgewicht beim Teufel, und womöglich hängt auch noch die Krawattennadel schief. Nimm als Objekte, die erreicht werden sollen, keine minderwertigen Dinge, zeige Respekt vor deiner Hauptperson: Ihr ganzes Bewußtsein ist auf der Leinwand, während wir auf gepolsterten Stühlen sitzen und losprusten.

Wirf die Torte genau vorbei

1

Spass entsteht, wenn ein Gegenstand an seinem Ziel vorbeifliegt und einen Passanten trifft. Spaß ist, wenn sich im Innern einer Torte keine Feile befindet, sondern ein Verzeichnis der Geschäfte, in denen man Feilen kaufen kann.

Der Spaß hört auf, wenn genug davon da ist. Du mußt auch aufhören können.

Der Witz kommt am Schluß, am Anfang wird geredet, eingeleitet, undeutlich erzählt. Auf den Witz kann man warten, schließlich ist man deswegen gekommen.

Der Witz ist ein Rettungsring. Er wird dem zu Rettenden auf den Kopf geworfen, so daß der zu Rettende ertrinkt. Aber seien wir genau: manchmal ist das Meer eine Pfütze, und der Ertrunkene trocknet sich hinter unserem Rücken schon die Haare. Der Witz ist der neidische Vetter, der überraschend beim Begräbnis des Humors, dieses alkoholisierten Onkels, auftaucht.

Ein Spaßhaus kannst du bauen, wenn du weißt, wie das Haus eines tierisch Ernsten aussieht. Witz verlangt Wissen und Genauigkeit. Der gewitzte Waldarbeiter sieht den Wald vom Traktor aus, der tierisch ernste starrt auf den Kahlschlag und findet keine Ruhe vor sich selbst. Der gewitzte

Waldarbeiter sieht den Kahlschlag als Streichholzmeer, das sich auf der Glatze eines Riesen breitgemacht hat.

2

Es heißt, der Spaß sei nur die Kehrseite der Münze: Auf der anderen Seite wohnen Düsterkeit, Ernsthaftigkeit, Tragik und all die anderen flüchtigen Bekannten, die der Spaß während seines kränklichen Lebens getroffen hat. Wer so redet, verwechselt Spaß mit Humor, dieser vollen und aufgedunsenen Lebensanschauung. Spaß kann die ganze Münze sein, er braucht nicht unbedingt eine Kehrseite, um zahlungskräftig zu sein. Im Leben fliegt die Torte ins Gesicht, fährt der Laster über die Zehen, hat jemand eine Bananenschale zusammengefaltet und auf die Treppen des Gerichtsgebäudes gelegt, handelt es sich immer um Zufall. Die Wissenschaftler definieren ihn als tragisch. Ein Wissenschaftler ist ein Mensch, der an den Tatort des Mordes kommt, wenn alles Wichtige – die Leiche, die Mordwaffe, der Mörder und der Butler – schon weggeräumt worden ist. Übrig geblieben sind die Fingerabdrücke, aus denen der Wissenschaftler seine unklaren, voraussetzungslosen Schlußfolgerungen zieht.

3

Der Spaß muß immer anderen passieren, selbst bemerkt man ihn nicht. Es ist besser, wenn der Hausmeister in fünfzehn Meter Entfernung komisch ist, an dir selbst kannst du den Spaß nicht sehen, da du nicht einmal einen Zentimeter Abstand hast. Daher mußt du die besondere Fähigkeit entwickeln, dich selbst aus der Ferne zu betrachten. Versuche es mit allen Mitteln, laß dich selbst an einer Straßenecke stehen, gehe in die nächste Wirtschaft und halte von dort Ausschau: Siehst du bereits, wie du gehst, wie idiotisch dein Hut ist, wie verdutzt du dastehst? Als würdest du darauf warten, daß dich jemand überfährt, heiratet oder dir eine Immobilie verkauft. Du bist genau das passende Objekt, du lebst hier und jetzt, in den knirschenden Umdrehungen des zwanzigsten Jahrhunderts, in dem nichts sicher ist, in dem alles nur weich und glatt ist. Alles ist zu haben, an nichts herrscht Mangel – und trotzdem gibt es von nichts genug. Und die Ideale waren schon ausverkauft, als du an den Schalter gekommen bist, übrig geblieben sind die Schalen, die Gebrauchsanweisungen und der letzte Verkaufstag.

Vier Dinge über die Handlung

WILLST du einen Stummfilm drehen, der die Leute interessiert, mußt du an vier Dinge denken: 1) Normalität, 2) Abweichung von der Normalität, 3) Rückkehr zur Normalität und 4) ein unnormaler Schluß. Die Reihenfolge kann sich ändern, wenn man nur alle vier Elemente beibehält und niemals unnormal anfängt. Ein Beispiel: Ein Mann geht auf der Straße an einer Baustelle vorbei. Ein Brett steht von der Wand des Gebäudes ab. Der Mann liest eine Reklamezeitung mit Sonderangebotskupons, prallt gegen das Brett und fällt betäubt zu Boden. Als er wieder zu sich kommt, denkt er, der Mann hinter ihm habe ihn geschlagen. Die Männer fangen an, sich zu prügeln. Das abstehende Brett gerät wieder ins Schwanken und haut beide Männer um. Sie bemerken ihren Irrtum, versöhnen sich und geben dem schuldigen Brett einen Stoß, worauf es dem auf der anderen Seite des Bretterzauns stehenden Baumeister an den Kopf knallt. Er bezichtigt den neben ihm stehenden Maurer des Schlages und schlägt ihn. Der Maurer fliegt vier Meter weit, stürzt zu Boden, aufs Genick und stirbt. Der Maurer ist der beste Freund des zuerst die Straße entlang gegangenen Mannes. Dieser verklagt den Baumeister, gewinnt das Verfahren, und der Baumeister bekommt ein Jahr und acht Monate Gefängnis ohne Bewährung. In dieser Zeit wird das Gebäude fertig, und über seinem Haupteingang wird ein Messingschild angebracht: «Versicherungsgesellschaft Sampo.» Sampo ist der Vorname des Mannes, der zuerst die Straße entlang gegangen ist.

Kann man ohne Liebe Stummfilme drehen?

KANN man nicht. Ohne Liebe kann man Einkäufe machen, sich zanken, die Straße überqueren, einen Overheadprojektor in Betrieb setzen, Familienforschung betreiben und Alkohol trinken, aber ein Stummfilm ist schwer zu machen, wenn die Liebe fehlt. Wenn du einen Stummfilm ohne Liebe drehst, gibt es darin eine Hauptperson, deren größter Traum es ist, Lokomotivführer zu werden. Es gelingt ihr, sich den Traum zu erfüllen, und lächelnd tuckert sie weiter. Es passieren gewöhnliche Mißgeschicke, aber das Lachen kommt nicht nebenbei, aus der Tiefe. Man hat das Gefühl, französische Gedankenstriche zu betrachten, die ein Deutscher unterstrichen hat. Ergänzt man den Hintergrund mit Liebe, setzt sich die Handlung in Bewegung, der Zug hustet, die Schienen laufen die Umrisse der Hügel entlang, es geht in einen Tunnel, es ist dunkel, der Tunnel ist zu Ende, eine Frau erscheint neben dem Zugführer, aber mit seinem verrußten Gesicht bemerkt es der Zugführer nicht, sondern blickt ausdruckslos nach vorne, auf einmal entdeckt er die Frau, steuert den Zug aus den Gleisen, der Zug fährt schienenlos weiter, das ist jetzt nur noch ein Nebenaspekt, der Zugführer versucht, die Frau zu küssen, das Gesicht der Frau wird schmutzig, aber der Zugführer sieht das Gesicht. Der Zug fährt über ein Feld, die Kühe erschrecken, die Frau hat Durst, der Zugführer hält den

Zug an, geht eine Kuh melken, bedankt sich bei ihr, indem er dem Euter die Hand schüttelt, bringt der Frau die frische Milch, die Frau errötet, der Zugführer wird verlegen, lehnt sich aus Versehen ins Leere und fällt der Kuh auf den Rücken. Keine Erklärungen, sondern stummer, durch Liebe verursachter Geschwindigkeitsrausch.

Lache, wenn du willst, das ist nur ein Beispiel. Die Liebe muß in den einzelnen Szenen nicht sichtbar sein, auch wenn ich aus Draht gebogene Handlungsstränge mag, in denen der Draht versucht, durch einen viel zu kleinen Schlitz zu kommen. Auch im Leben ist die Liebe nicht sichtbar, sie steckt im Nebensatz, im Rocksaum, im Hosenbein. Am stärksten fällt sie einem auf, wenn sie nicht da ist.

Über die Liebe werden immer wieder dubiose Stellungnahmen abgegeben. Sie ist kein flüssiger Stoff. Sie ist hart und fest, die Schmiere darauf ist weggebrannt. Wenn du mit ihr zusammenprallst, ist deine Nase längere Zeit hoch empfindlich. Der Verliebte besitzt einen regen Stoffwechsel, er hechelt von Ort zu Ort und stößt ständig gegen Türrahmen, weil er in einem fort an die Frau im Zug denken muß: Krieg ich sie oder nicht? Der Verliebte plappert kein zärtliches, sondern verrücktes Zeug.

Falls du die Liebe nicht magst, weil du dich nach ihr immer unwohl fühlst, kannst du auch Filme ohne sie drehen. Beschwer dich dann aber nicht, wenn die einzigen Stellen, an denen man bei der Zugfahrt lachen kann, von den unebenen Schienen herrühren. Ich sagte ja bereits, daß die Gleise ein Nebenaspekt sind.

Eine leistungsfähige Schnellsauna

WENN ich meine Gefühle am lodernden Feuer erwärme, geht mein Gemüt in Flammen auf: Mit voller Kraft baue ich, mit Gewalt zünde ich das feuchte Holz an!

Ich nehme die Axt in die Hand, hebe sie bis über meinen Kopf und hacke los. Entzwei, kaputt, gestapelt. Die Späne fliegen, der Kopf summt. Ich zeige dem Nachbarn den Haufen und sage: «Hier stand vor kurzem noch ein Wald.»

Der Nachbar staunt, trollt sich und erzählt im Dorf: «Buster hat seine besten Gefühle zu Saunaholz verhackt, der Haß hat es angezündet, jetzt brennt es lichterloh.»

Meine Frau wandelt den Pfad entlang. Ich denke, ohne sie wäre anstelle des roten Häuschens mit seinem Kartoffelgarten jetzt ein Parkplatz!

Meine Frau sieht den gefällten Wald und mich, den Schweißhut und sagt: «Wo sollen wir jetzt spazierengehen? Auf der heißen Asche vielleicht? Ich habe mich in dich verliebt, weil es in dir geglüht hat. Jetzt hast du keine Geduld mehr dafür, sondern flackerst wie jeder x-beliebige Holzkopf. Verstehst du nicht: Mit Kraft bekommst du bloß die willenlosen Frauen, durch Hosenherunterreißen entflammen nur diejenigen, deren Rinde sich vor Erwartung schon fix und fertig geringelt hat.»

Der Kameramann

DAS Leben läßt sich nicht einfangen, es muß inszeniert werden. Schuhspitzen, Kniekehlen, Augenzwinkern und Anflüge von Lächeln zerrinnen, da kann man machen, was man will, man bekommt sie nicht auf den Film. Auch wenn die Kamera noch so exakt aufnimmt, etwas Wichtiges bleibt immer außerhalb des Formats. Auf dem fertigen Bild siehst du ein Johannisfeuer, davor ein lächelndes Brautpaar, dahinter Seen, Wolken. Die Linie ist scharf, der Schatten weich, aber was fehlt zu Füßen des Bräutigams? Der Kuhfladen. Gestern war er noch dort, wie ist es möglich, daß ein so wichtiges Detail nicht auf dem Bild ist? Ein Fehler der Kamera? Nein, sondern einer von unverständigen Augen!

Nicht daß es mir um einen einzelnen Kuhfladen ginge, aber wo doch der Bräutigam von einem Hof stammt und seine Vergangenheit haßt und jetzt ein Mädchen aus der Stadt heiratet und seine hinterwäldlerische Vergangenheit vergessen will! Gibt man ein genaues Bild vom Leben des Bräutigams, plaziert man den Kuhfladen absichtlich zu Füßen des Bräutigams. Der Fladen muß da sein, sofern man etwas über das Leben erzählen will. Ein Film ist kein Dokument, man muß ihn inszenieren, das wesentliche Detail ins Bild gießen. Ein Film ohne Kuhfladen ist unmöglich.

Wenn man alles aufnimmt, muß man sich mit wenig begnügen. Neben dem Kuhfladen darf im Bild nichts anderes aus der Vergangenheit des Bräutigams erscheinen. Auch wenn die Breitleinwand groß ist, passen nur erstaunlich wenige Dinge darauf. Wenn du alles erzählen willst und das Bild überlädst, kannst du genauso gut dazu übergehen, Reklamefilme über erfolgreiche Ersatzteilhandlungen zu drehen.

Ist der Kuhfladen erst einmal gezeigt worden, muß man ihn nicht wiederholen. Die Vergangenheit holt den Bräutigam noch auf andere Weise ein. Er gewöhnt sich nicht an die Stadt und ist nicht in der Lage, sich in engen Räumen natürlich zu bewegen, weil er Feld und Wind gewohnt ist. Der Bräutigam ist mürrisch, da er nichts mit seinen Händen anfangen kann. Die Arbeit wird von Maschinen gemacht, sie surren, zischen und spucken fertige Sachen aus ihren Öffnungen. Der Bräutigam leidet höllisch, und der Druck läßt die Tränen auf den Hof spritzen. Welche Aufgabe hat nun der Kameramann? Die Situation ist schrecklich, man kann nicht in den Kopf des Bräutigams hineinfilmen, nicht eins zu eins aufnehmen. Man braucht ein Bild mit einem Detail, aber diesmal ist es kein Kuhfladen. Ein intelligenter Kameramann filmt nicht den weinenden Bräutigam, sondern eine Kuh, die zur gleichen Zeit daheim auf dem Land deprimiert im Gras liegt, wobei es regnet und die Luft drückend ist, und die Zitzen wund sind von der Melkmaschine. Der Zuschauer gerät in einen Zustand des Relativitätsbewußtseins, er lacht nicht und er weint nicht. Der Zuschauer wird aktiviert und beschließt, alles zu tun, damit die jungen Leute zurück aufs

Land ziehen und von der zwischenzeitlichen Maschinenmelkung wieder zum wärmeren Handbetrieb übergehen.

Über die Lautstärke des Stummfilms

Stummfilme sind laut, weil es in ihnen keinen Ton gibt. Wenn ein Kerl mit dem Auto gegen eine Backsteinwand kracht, hört man nichts. Wenn er auf einen patrouillierenden Polizisten losgeht, der ihm gerade für falsches Parken einen Strafzettel schreibt, hören wir ihn nicht schreien. Lärm würde der Szene nichts Neues bringen, sondern ihr nur die Kraft nehmen. Willst du eine Bewegung anhalten, dann rede.

Hätte ich meine Arbeit bis in die Zeit des Tonfilms fortgesetzt, hätte ich als Hauptperson einen Kulturschwätzer wie Olli Alho engagieren müssen. Die Handlungsanweisungen im Drehbuch wären auf ein Minimum geschrumpft: Ein Mikrophon in Ollis Mund, Olli mit einem Seil am Heckflügel eines Formel-1-Wagens festbinden, Kamera an und das Kommando: Red dir den Mund sauber, mach das vierundachtzig Runden lang. Ich glaube nicht, daß daraus ein guter Film entstanden wäre. Ein langer wäre es geworden.

Eine Replik ist betäubend, sobald sie über den ersten Hauptsatz hinausschlittert. Mit drei Wörtern kann man sagen, was man zu sagen hat, danach soll man einen Spaziergang machen oder umfallen, um den Kameramann aufzuwecken. Ein Mensch, der etwas zu sagen hat, spricht kurz. Wer reden will, gibt ein Interview.

Eine Bewegung ist eine Replik. Ein ruckartiger Gang ist eine ängstliche Bitte um Hilfe, forsches Voranschreiten ist ein Hauptsatz, langsames Anzuckeln erklärt und gibt Hinweise auf zukünftigen Streß, hinter der nächsten Ecke kracht ein Brett gegen die Stirn, Punkt.

Ich habe mir einige Tonfilme angesehen, in denen sich die Menschen ruhig verhalten und über das Leben quatschen. Sie versammeln sich in städtischen Räumlichkeiten, um zuzusehen, wie die Farbe an den Wänden trocknet. Sie reden über Lebenslagen, über ihre Sorgen und ihre Freuden. Die Mikrophone hängen über ihnen am Gestänge, die Ausleuchtung ist gut. Durch die Stirn der Hauptperson ziehen sich tiefe Furchen. Weckt mich, wenn sie sich entschlossen haben, in die Stadt zu gehen.

Der Aufzug

ZUG und Auto verkehren horizontal, die wenigsten von ihnen schaffen es in die vertikale Position. In dieser Hinsicht ist der Aufzug das beste Fortbewegungsmittel von allen.

Im Aufzug bekommt derjenige das höchste Gefühl, der aus den niedrigsten Verhältnissen kommt. Im allgemeinen ist es gut, wenn man vom Land kommt, von weit her oder aus dem Dunkeln. Ein solcher Mensch bringt alles durcheinander. Wer seine Kindheit in einem Wolkenkratzer oder einem Turm verbrachte, hat im Aufzug keinerlei Gefühle. Wenn einer, der aus einer Hütte oder einem dreistöckigen liftlosen Haus stammt, einen Aufzug betritt und die höchste Ziffer drückt, ahnt er, daß sich gleich sein Leben ändern wird. Ich erinnere mich an die erste Aufzugfahrt meines Lebens. Ich spürte den schicksalhaften Ruck im Körper, die Null sprang auf die Eins um, jetzt dem Himmel entgegen, nicht mal das Dach wird mich stoppen! Meine unbedeutende Vergangenheit rieselte in den Aufzugschacht, in die große, auf die Erde gebaute Grube. Ich fuhr hinauf, um Entscheidungen über Angelegenheiten im Kellergeschoß zu treffen, um Schnitte in das dünne Papier der Luft zu ziehen!

Oft reisen zwei bis sechs Personen gleichzeitig im selben Lift. Immer ist einer dabei, der unbedingt reden muß und den anderen Sätze aus der Nase zieht. Er glaubt, Stille könnte den Aufzug zwischen den Stockwerken zum Stehen bringen. Dem Gesprächigen gegenüber muß man manchmal schroff sein, und der Tag verliert an Schwung. Deshalb ist es besser, alleine zu reisen.

Manche mögen alte, langsame Aufzüge mit Geländer und schwerer Metalltür. Dieselben Leute mögen Lagerfeuer, akustische Gitarren und aufgebrühten Tee. Ich mag die schnellen, in denen die digitalen Ziffern flitzen und die Wände blinken. Am besten sind diejenigen, die direkt neben das Büro des Generaldirektors führen. Du gehst hinein und kündigst. Du begründest deine Entscheidung nicht, gehst hinaus, trittst in den Aufzug und drückst auf die Eins. Die Tür gleitet auf, die ganze Angelegenheit hat drei Minuten gedauert, und du stehst auf der Straße.

Das Mobiliar

Ein kleiner Raum sieht immer eng aus, man kann ihn nicht möblieren. Da steckt man den Pubertierenden der Familie hinein, der es mit seinen Idolen und Aphorismustafeln tapeziert. Anschließend kann man es nicht mehr betreten, ohne sich wie ein Voyeur vorzukommen.

Vom Gesichtspunkt der Möblierung her ist ein Zimmer von dreißig Quadratmetern am besten. Platz ist genug da, aber nicht zuviel. Reisen erweitert nicht den Horizont, und ein großer Raum sorgt nicht für Geräumigkeit im Kopf. Dreißig Quadratmeter genügen für einen Menschen.

Der Raum kann nach der Renovierung des Vorbewohners weiß sein, der Parkettboden glänzt, und die WC-Kacheln sind schwarzweiß. Der Ort soll sofort ein wenig in Unordnung gebracht werden, damit er an die Welt erinnert; ein schönes Zimmer ist ein Farbdia, ein gutes Zimmer ist ein Paßbild. Hat man Klebestreifenreste von Postern und Fingerspuren an den Wänden und Schrammen im Fußboden, kann man sich Gedanken über den Platz für das Bett machen. Am besten steht es mitten im Zimmer. Wenn die Alpträume kommen, kann man in jede Richtung fliehen. Das Bett ist grün, es erinnert an einen Rasenteppich und an Unerfahrenheit. Niemand ist im Bett der beste, sondern der liebste.

Weil die Welt schwarzweiß ist, lohnt es sich nicht, seine Wohnung mit dezenten Farben zu beschmieren. Der Kopf des Menschen ist gelb, rot und blau, selten ist er hell und klar. Rote Wände erinnern an das Blut, das in uns fließt und dessen Vergießen üblich geworden ist. Auf einer gelben Decke scheint immer die Sonne, und blaue Wände sind ein Himmel. In einem solchen Zimmer ist es schwierig, grau zu sein.

Außer dem Bett braucht man nichts als einen Tisch und einen Stuhl. Sie können schwarz sein. Auf dem Tisch sollten sich ein Aschenbecher, eine kleine Lampe und drei Bücher befinden: die Bibel, das Telefonbuch und *Fortbewegungsmittel und Gebäude – Gebrauch und Bedeutung*.

Die Verrücktheit ist ein Kindergarten, die Vernunft ein Asyl

In einer Ecke finde ich eine kleine Eisenbahn und eine Lokomotive. Ich setze mich auf die Lokomotive und warte auf die Vernunft. Die Vernunft ist mein Treibstoff, nie habe ich die Verrücktheit als Berufsbild hochgeschätzt, ich habe hier nur kurz reingeschaut. Ich passe nicht richtig auf die Lokomotive, ich sehe lächerlich aus, ich nehme das Risiko auf mich. Die Vernunft kommt erst in meinen Kopf, wenn ich an die Lokomotive glaube. Wer nicht spielt, wird verrückt. Der Verrückte ist ein Spielzeug. Lieber bin ich mechanisch in Bewegung als vor Beklommenheit im Stillstand. Die anderen Verrückten stehen dumm mitten im Zimmer herum und nehmen sich selber ernst.

Der schwarze Anzug

Ein großes Auto muß man langsam fahren, man muß es durch das Ballungszentrum gleiten lassen, sonst sieht es nicht groß aus. Fährst du es zu schnell, löst es sich in den Augen zu einem gewöhnlichen Japaner auf. Auch als Träger eines schwarzen Anzuges muß man einige grundsätzliche Dinge beachten. Man darf keinerlei Aufmerksamkeit auf den Anzug richten. Er muß so selbstverständlich an einem sitzen wie die Zunge im Mund. Gestatte dem Anzug, sich in Ruhe auf deinem Knochengerüst aufzuhalten, betrachte dich nicht in Schaufenstern. Sei ehrlich unscheinbar, dann kriegst du Kraft.

Am Anfang meiner Karriere glaubte ich, mir mit einem dekorativen Anzug den Weg zu den Menschen bahnen zu können, bis mir auffiel, daß sich ungefähr zwei Millionen Menschen dasselbe gedacht hatten. Wenn eine Persönlichkeit auf ihre Namensschwester trifft, fühlt sie sich als Fließband. Ich begriff die Gnade des Serienprodukts: nur mit einem unpersönlichen schwarzen Anzug hat man seine Ruhe. Ich zog mir den Anzug an, suchte mir bei Woolworth ein weißes Hemd aus, versicherte mich, daß es außer Mode war und blickte in den Spiegel. Ich sah einen Mann, der ebensogut einen Versicherungsvertreter wie einen bezahlten Killer abgegeben hätte. Ich war zufrieden mit dieser breiten Streuung.

Die Kraft des schwarzen Anzugs bemerkt man, wenn man in heikle Situationen gerät. Auf der Straße traf ich den Medienmenschen Eero Silvasti. Obwohl er gebildet daherredete, war ich, bei Berücksichtigung aller Gesichtspunkte, nicht überzeugt. Ich kann keinem Mann glauben, der Strickkrawatten und Pullunder trägt und alles versteht. Eine Strickjacke ertrage ich noch, sofern sie nicht weiß ist, und wenn dazu keine gezwungen bequemen Sommerhosen getragen werden, aber die Kombination von Strickkrawatte und Pullunder zerstört jede Glaubwürdigkeit. Besonders wenn der Träger der besagten Kombination Gemeinplätze absondert, die an verfilzte Nabelflusen erinnern.

Ein schwarzer Anzug ist eine Universalbekleidung. Wenn du den Unterschied zwischen Fest und Alltag nicht kennst, bist du für alles passend angezogen. Du kannst von der Ersatzteilhandlung direkt zu einer Beerdigung gehen, und nicht ein Augenpaar wird sich von der Leiche abwenden. Bei einer Hochzeit plaudert die Mutter der Braut fröhlich mit dir. Auf der Straße triffst du eine Frau, die deine Ehefrau wird. Sie schenkt deiner Kleidung keinerlei Beachtung, und wenn ihr später daran zurückdenkt, wie ihr euch kennengelernt habt, fragt sie verträumt: «Was hast du damals eigentlich angehabt, mein Schatz?» Du weißt es noch genau: «Dasselbe wie jetzt, Liebling, dasselbe wie jetzt.»

Ein Verbrechen kann man auf sehr verschiedene Art und Weise begehen. Der eine stürzt mit einer verschwitzten Socke über dem Kopf in die Schalterhalle einer Bank und warnt die Umstehenden vor seiner Brutalität. Das ist selten glaubwürdig, mit so einer Socke über dem Kopf. Ein anderer wirft sich in einen weißen Sommerblouson, in verschossene Kordhosen und Turnschuhe. Sofort sieht man, hier ist einer in hoffnungslosen Geldschwierigkeiten. Ein solcher Mann kann mit dem Regenschirm eines kratzbürstigen Rentners gebändigt werden. Das Geldproblem darf nicht sichtbar sein. Auch nicht die Hoffnungslosigkeit. Seine private Not darf man nicht bloßlegen. Betritt man eine Bank im schwarzen Anzug, dann bitte keine von den dämlichen Sonnenbrillen, ohne die Alain Delon aussieht wie der Verkaufsberater einer privaten Rentenversicherung. Kein Trenchcoat, kein aufgestellter Kragen. Einfach nur ganz normal zur Kasse, kurz sagen, worum es geht, daß diesmal ein bißchen mehr abgehoben wird. Das Fräulein an der Kasse sieht den schwarzen Anzug, das weiße Hemd und ein Gesicht, das nichts ausdrückt. Später wird die Polizei das Fräulein nach Erkennungsmerkmalen fragen, aber sie wird sich an nichts erinnern. Sie hat nur den schwarzen Anzug gesehen. Der Mann im schwarzen Anzug wird immer noch gesucht.

Glaubwürdigkeit, Stil. Sonst nichts. Viel gibt es nicht zu berücksichtigen. Du kannst nicht in Lederhosen durch dein Leben gehen. Ein fünfundfünfzigjähriger Mann in Lederhosen steckt in seiner Zeit wie die Preiselbeere in der Scheiße. Die Gedanken eines Lederbehosten sind in der Hose, obendrüber fühlt er sich allein gelassen. Ein Vierunddreißigjähriger, der verschiedenfarbige Krawatten ausprobiert, ist verloren. Er ist nicht in der Lage, so alt zu sein, wie er ist, sondern blickt nach rechts und links, auf die Jugend und auf das Mittel-Alter. Man sollte ihm zu Hilfe kommen, ihm sagen: «Ein schwarzer Anzug, Junge, und du fühlst dich gleich ganz anders.» Es lohnt sich nicht, seine Zeit mit Altersfragen zu vergeuden, das sind lediglich Farb- und Geschmacksfragen, Nebensächlichkeiten.

Ein schwarzer Anzug ist keine Geschmackssache. Er ist wie die Beziehung zu meiner Frau. Er geht niemanden etwas an.

Die Ersatzteilhandlung

1

In einem großen Unternehmen wird ein Mitarbeiter alle zwei Jahre gefragt, was er von seinem Arbeitsplatz hält. Kann er sich mit den Zielen der Firma identifizieren, was hält er von seinem Vorgesetzten, wie ist die Lohnentwicklung? Der Mitarbeiter antwortet anonym, unter den Einsendern wird ein Lockenstab und eine Brotbackmaschine verlost. In der Firmenzeitung wird ein Foto der Gewinner abgedruckt, von denen einer schon dreiundzwanzig Jahre im Betrieb ist. Viele sehen ihn zum ersten Mal.

In einer Ersatzteilhandlung ist das unnötig, denn alle kennen sich und die Ziele des Unternehmens. Die Autos müssen wieder laufen, am liebsten heute noch.

2

Eine Unterlegscheibe, die man zwischen Schraube und Mutter legt, ist ein kleines Teil. Es funktioniert dort als stabilisierender Faktor. So wie sich zwischen Ehemann und Schwiegermutter die Ehefrau befindet, welche häufig die Beziehung der beiden Erstgenannten festigt. Ich will damit nicht sagen, daß eine Ehefrau eine Unterlegscheibe ist.

Im Ersatzteilhandel hat man selten bloß mit einer einzelnen Unterlegscheibe zu tun. Gründe für den Besuch sind oft ermüdete Stoßdämpfer, eine leere Batterie, Gänge, die irgendwo verlorengegangen sind oder ein verschmutzter Luftfilter. Das Hantieren im Laden erfrischt den Geist und reinigt den Kopf von intellektueller Schlacke.

3

Man betritt den Laden forsch, man darf sogar die Tür zuknallen. Alle, die durch die Tür treten, sind kaufende Kunden, hier kommt man nicht zum Schnorren her oder um irgendwelche Beobachtungen mitzuteilen. Niemand redet undeutlich, obwohl jeder seinen eigenen Mangel mitbringt. Der Kunde nennt das Teil und sagt das Baujahr.

Ein kurzhaariger Verkäufer, oft sogar mit Idealgewicht, blättert seine Listen durch und geht in den hinteren Raum. Er kommt mit einem Ding in der Hand zurück, das sich als genau das richtige herausstellt. Es hat einen Listenpreis, Feilschen kommt hier keinem in den Sinn. Der Kunde ist glücklich, weil sich das Auto leichter fahren läßt, wenn die Halterung des Vorderradgriffentfernungsschlauchs keine Fehler aufweist.

4

Ich bin zufrieden damit, schon in jungen Jahren die Fachkenntnisse eines Ersatzteilverkäufers erworben zu haben. So besitze ich einen sicheren, vernünftigen Platz in der Welt. Dieser Gedanke bewegt mich.

5

In der Ersatzteilhandlung herrscht der starke Duft eines sortierten Lebens. Dort wird nicht über schlechte zwischenmenschliche Beziehungen gequengelt, und es werden auch keine Mißgeschicke gefilmt. Das Gelände ist vor allen Unklarheiten geschützt, die Menschen erfinden können.

Die Arbeit in einer Ersatzteilhandlung sorgt für ein ruhiges und gefestigtes Dasein. Viele Verkäufer sind glücklich verheiratet, haben zwei Kinder, beide gesund, die Frau ist verträglich, die Wohngegend parkähnlich. Manche Verkäufer sind noch Junggesellen, nehmen diesem Umstand gegenüber aber eine ruhige Haltung ein und gehen abends zum Kegeln oder sehen sich Actionfilme auf Video an.

Durch übermäßigen Tabakkonsum und nächtliches Wachbleiben hervorgerufene Gedanken

1

Auf Komik will man nicht hinaus, man gerät hinein.
In einem lecken Boot auf offenem Meer
zwei Möglichkeiten: du ertrinkst oder schwimmst.
Du wählst die mittlere: du strampelst.

2

Das Leben ist Asphalt, die Komik ein Sumpf.
Du gehst und du schwankst.

3

Unterscheide die Mörder von den Folterern,
die Komiker von den Humoristen.
Wähle den schnellen Tod!

Drei anonyme Fanbriefe

IV

Buster , ich weiß nicht, ob das hier überhaupt einen richtigen Brief wert ist: Immer wenn ich versuche, mich in die Schlittendecke meines eigenen Ich zu wickeln, ist es, als ob ich ersticke. Ich kann einfach nicht mit mir selbst reden und in der hintersten Ecke der Garage in dem Schrotthaufen herumstochern, den man Ich nennt. Kein Interesse!

Viel neugieriger bin ich auf fremde Menschen: Warum geht dieser Mann so schief, warum regt sich seine Frau so auf, wenn er die Autozubehör-Seite im Bestellkatalog liest, wohin sind sie unterwegs mit den Skistiefeln, die beide an den Füßen haben, wo es doch schon Anfang August ist? Und der Taxifahrer, der ein schmutziges Heft liest, wenn man in den Wagen steigt und auf dessen Mütze zu lesen ist: «Mehr Kaufkraft mit weniger Geld?» Fehlt ihm etwas, schlägt er seinen Hund, und wenn ja, welche Rasse hat der Hund, ist der Mann verheiratet, und wenn ja, zum wievielten Mal?

Die Umwelt lebt und ist interessant, das eigene Innere ist ein bewegungsunfähiger Schrotthaufen, den man gerne mit den Füßen zur Seite tritt, weil man die Garage möglichst rasch in Richtung Welt verlassen muß: Man kann nur etwas Vernünftiges tun, wenn man von sich selber loskommt.

Ich versuche, die allgemeinen Verkrustungen bei vielen üblichen Zwangsvorstellungen zu finden, die Schrauben, die fast bei jedem Baujahr locker sind.

Dann kehre ich nach Hause zurück und zerre unwillig meinen eigenen Schrotthaufen hervor und vergleiche. Finde ich daran dieselben Schrammen in anderen Formen, verbinde ich die eigenen und die fremden. Diese Kombination nenne ich «Formal tauglicher Schrotthaufen.» Den kann ich dann befingern und unter die Lupe nehmen, denn erst wenn das Eigene mit dem Gestohlenen verschmilzt, fängt das Leben an.

Den «Formal tauglichen Schrotthaufen» bringe ich an einen öffentlichen Ort, wo ihn alle die kennenlernen können, die die graue Steppe ihres eigenen Inneren satt haben. Manch einer, der in dem Haufen wühlt, erschrickt: Wer hat meine Zwangsvorstellung mit diesem Getriebekasten zusammengesteckt? Was hat meine Neurose mit einer Hinterachse zu tun?

Buster, es ist befreiend, Dir zu schreiben, der Du Lüge und Unbestimmtheit zu schätzen weißt. Nimm nach Erhalt meines Briefes nicht das Vergrößerungsglas zur Hand, um nach goldwerten Partikeln der Wahrheit zu jagen. Denn was sollten wir schon tun mit diesen Partikeln? Sie auf dem Markt verkaufen? Erleuchten jene Partikel von unserem Himmel herab die Finsternis? Schmieden wir Goldkugeln daraus?

Mitunter ist es schwer, mit Menschen zu reden, wenn jedes Wort als Eins-zu-Eins-Wahrheit genommen wird. Wenn man Dir schreibt, kann man das Thema vor sich hinträllern und sich in der näheren Umgebung seiner Gedanken verlieren, ohne daß jemand die ganze Zeit fragt:

«Was meinst du eigentlich damit? Worauf willst du hinaus?»

Eine ausgewogene Aussage, die das Objekt absteckt und ins Ziel trifft wie eine Cruise-Missile, entkräftet. Ich bin der Wahrheiten müde: Die sind uns hier genug um die Ohren geschossen worden. Ein Verwundeter, der die Wahrheit geschmeckt hat, liegt im Straßengraben und klagt: «Gestern habe ich einen ehrlichen Mann getroffen.»

Je länger ich hier lebe, desto mehr fange ich an, Unbestimmtheit und Vorläufigkeit zu schätzen. Ich gehe unvollständig herum, in Räume, die teilweise mit schlechtem Geschmack eingerichtet worden sind, unterhalte mich mit Torsi, mit gefühlsbehinderten Menschen, verweile in Gedanken, die an verlassene Fabrikhallen erinnern. Den Sinn, den Weg und die Wahrheit des Lebens hat das Sandpapier des Windes unter meinen Schuhen bis zur Spurlosigkeit abgeschliffen.

Buster , ich habe schon oft Lust gehabt, mitten am Tag auf Deiner Seele zu übernachten.

Ich laufe hier herum, komme ohne Lachen aus. Ich versuche nichts. Alles geschieht hier zielgerichtet, man kann nur ausweichen. Die Häßlichen laufen mir in die Arme, ich streichle sie, mache eine Geschichte. Die Welt formt, ich mache den Inhalt.

Du hast mehr geliebt, als Deine Beulen erzählen. Du warst blockiert, ich kenne das Gefühl, da hilft nichts als

Sachlichkeit. Keine Miene verzieht sich, wenn das Baugerüst, das das Herz trägt, unter dem Gewicht der Menschen ins Schwanken gerät. Die Augen kleben am Horizont, wenn die mit Mitmenschen beladene Titanic vor den Füßen versinkt. Es ist schwer, im gleichen Boot zu sitzen, in dem der Schiffer, die Lungen voller Wasser, verlautbaren läßt: «Wir erreichen den Grund fahrplangemäß, die Passagiere werden gebeten, eine Miene aufzusetzen.»

Die Zeit der reinen Komödie und der blitzsauberen Tragödie ist vorbei – wer sich daran versucht, den zerhackt die Wirklichkeit zu Saunaholz. Du hast manchen Treffer einstecken müssen; die Beulen, die Du ohne Erklärung gestreichelt hast, sind zum Eisberg der Leinwand angewachsen. In Deinen Tränensäcken hast Du die Pickel getragen, mit denen man Eis aufhackt.

Das Geschäft der zufälligen Treffer ist immer offen: Über das Ziel hinaus schießt derjenige, der auf etwas zielt.

Schlußwort
von Buster Keaton

V

Ich brauche nichts und wünsche mir nichts mehr

Durch das Fenster der U-Bahn habe ich den Himmel gesehen. Er kam in den Blick, als wir für einige hundert Meter überirdisch fuhren. Er war blau, und auf seinen Wolken saß kein einziger Engel. Als ich klein war, glaubte ich vier Jahre lang an Gott. Ich hörte damit auf, als der Scheißkerl nichts unternahm. Einmal habe ich meine Frau geschlagen, das werde ich nie wieder tun. Ich war vierzehnmal stockbesoffen, habe dreimal Rauschmittel geraucht und bin acht Monate am Stück stocknüchtern gewesen. Das war nicht verwunderlich. Im Erwachsenenalter habe ich dreimal aus gutem Grund geweint, grundlos war ich häufiger bewegt. Ich habe zwei schlechte Filme gedreht, war einmal verlobt, habe mich getrennt und dann sofort geheiratet. Ich habe genug Liebe abbekommen, ich weiß, wie gut sie einem Menschen tut. Ich bin im Ausland gewesen und habe fremde Menschen gesehen, die so leben wie wir. Ich bin durch einen Schlag zu Boden gegangen und habe einen Tritt gegen den Kopf bekommen. Ich kenne den Zustand, der sich der Bewußtlosigkeit nähert. Ich habe meine Frau weinen und lachen gesehen, in dieser Reihenfolge. Ich weiß, was Alltag heißt und war viermal auf einem Fest. Ich wittere Montage schon instinktiv am Morgen und kenne eine Feuerwerksrakete vom Sehen. Ich habe das Leben eines Menschen leben dürfen, und noch ist ein bißchen davon übrig. Ich brauche nichts mehr und sehne mich nach nichts mehr. Ich bin unversehrt und zersplittert. Ich weiß, daß man so leben kann.

Traurigkeit ist das Fundament des Freudenhauses

1

IRGENDWANN am Anfang meiner Karriere ordnete ich alles dem Lachen unter: Wenn die Leute nicht lachen, muß man die Geschichte in den Papierkorb werfen. Kein schlechter Ausgangspunkt für einen jungen Mann, aber mittlerweile denke ich nicht mehr so. Nun ist mein Ziel das Licht. Das ist es, worauf ich aus den Kulissen heraus zutrotte, wegen ihm bin ich bereit, Züge zu lenken und Autos zu steuern – sollte das Anschauen dieser Tätigkeiten jemanden zum Lachen bringen, verspreche ich, darüber nicht traurig zu sein.

2

ERACHTET mich als dubios, denn dubios, nahezu nicht vorhanden, ist das Licht, nach dem ich taste. Konstruiert bloß kein klares, unbeflecktes Paßbild von mir, ich bin nicht vertrauenswürdig im traditionellen Sinn. Vermacht mir nicht per Testament eure Stilmöbel: Kann sein, daß sie aus Plastik und zum Sitzen nicht zu gebrauchen sind, wenn ihr sie wieder vor euch findet. In normalen Angelegenheiten halte ich mein Wort, aber unter Umständen machen ich aus großen Bögen Armbrüste, falls es nötig sein sollte, etwas für einen Film herunterzuschießen.

3

Es ist nicht mehr notwendig, Stummfilme zu drehen, wir besitzen mittlerweile alle genügend Gegenwart. Wir ersticken daran und sehnen uns fort. Wir ertragen die Technik nicht mehr, bekommen mit der elektrischen Zahnbürste im Mund Schluckauf, fürchten uns vor der Saugleistung des Staubsaugers und verstecken unser Kleingeld. Die Männer vom Straßendienst wundern sich über die neuen Autobahnen: Was hat dieser Ingenieur für eine Telefonnummer? Mit der Fernbedienung zappen wir die Wahltests von siebzehn Parteien durch, aber auf dem nächsten Kanal sitzt ein bekannter Politiker beim offenen Quiz mit einem Sodomisten.

Unsere Gehirne sind schmutzig vor Information; jede neue Meinung fühlt sich wie Abgas an. Die Benutzer kurzer, gedrängter Hauptsätze sind Typen wie die vom Straßenreinigungsamt.

4

Ich habe Filme gemacht in dem Glauben, daß die Menschen etwas gemeinsam haben. Weinen ist Sache eines jeden einzelnen, Lachen verbindet. Weinen reduziert, du bist verschwommen und klein, und wir kommen nicht mehr hinein, als Teilnehmer. Lachen erweitert die Onesize-Strumpfhose, schafft Platz auf einem engen Sofa. Lachen ist die Angelschnur, die dich vom Grund an die Luft der Menschen zieht und glänzen läßt.

5

Traurigkeit ist das Fundament des Freudenhauses. Das ist alles. Herzlich willkommen.